조성만과 한반도 평화

조성만과 한반도 평화

초판 1쇄 발행 2019년 5월 10일

엮은이 ㅣ 통일열사 조성만 30주기 추모사업위원회
발행인 ㅣ 윤관백
발행처 ㅣ 도서출판 선인

등록 ㅣ 제5-77호(1998.11.4)
주소 ㅣ 서울시 마포구 마포대로 4다길 4 곳마루 B/D 1층
전화 ㅣ 02)718-6252 / 6257   팩스 ㅣ 02)718-6253
E-mail ㅣ sunin72@chol.com

정가 15,000원
ISBN 979-11-6068-266-3 93300

조성만과 한반도 평화

통일열사 조성만 30주기 추모사업위원회 편

조성만 요셉 형제를 기리며!

"성부와 성자와 성신의 이름으로 아멘. 척박한 땅, 한반도에서 태어나 인간을 사랑하고자 했던 한 인간이 조국통일을 염원하며 이 글을 드립니다. … 지금 이 순간에도 떠오르는 아버님 어머님 얼굴. 차마 떠날 수 없는 길을 떠나고자 하는 순간에 척박한 팔레스티나에 목수의 아들로 태어난 한 인간이 고행 전에 느낀 마음을 알 것도 같습니다."

1988년 5월 15일, 스물네 살 청년 조성만이 찾은 명동성당에는 예수님이 안계셨고 교회도 없었습니다. 독재자들의 가혹한 탄압과 가난과 억압에 시달리는 인민의 삶, 분단이 만들어낸 적대적 공생의 정치 현실을 외면하고 있는 교회만 있었습니다.

살아계신 예수님을 새롭게 체험한 조성만 형제는 자신의 죽음으로 교회와 성직자들이 회개하고 우리 모두 진심으로 하느님을 고백하도록 호소했습니다.

조성만 형제의 죽음을 기억하고 그를 추모하는 지금,

우리는 슬픈 기억과 가슴에 상처를 지니면서도 그 결단의 뜻을 되새기고 실천하기보다는 세상과 독재자들을 질타만 했을 뿐 실제로는 그의 죽음을 방관했던 공범자, 가해자는 아니었는지 반성하고 지난 시간을 겸허히 되돌아봅니다.

"너, 어디 있느냐?"(창세3,9)하고 아담에게 물으셨던 하느님의 말씀과 같이 이제 이 시간 우리 각자에게 조성만 형제는 "당신은 지금 과연 민족과 이웃 평화공존을 위해 어디에서 무엇을 하고 있습니까?" 하고 실존적 물음을 제기하고 있습니다.

> "공동올림픽 개최하여 조국통일 앞당기자!"
> "민주인사 가둬놓고 민주화가 웬말이냐!"
> "분단 고착화하는 미국놈들 물러가라!"

30년 전 조성만 열사의 외침이었습니다.
2016년 겨울 언저리에 시작했던 촛불혁명은 "조성만의 꿈"을 실천하는 자리였습니다.
우리는 "민주화와 조국통일"을 앞당기려는 수천만 조성만과 함께 소리치고, 거리를 행진했습니다.
2017년 5월, 그 조성만들이 모여 잘못된 권력자를 내치고 새로운 정부를 만들었습니다.
2018년, 평창, 판문점, 평양을 오가며 남북이 하나되려 노력했습니다.
그러나 1945년 해방과 함께 그림자로 찾아 왔던 그 검은 망령, 미국 등 큰 나라들이 또 우리 앞에 우뚝서서 가로 막고 있습니다.
70여 년 전 남북은 권력과 이기심으로 서로를 배척하고 적대시했습니다.
그러나 이제는 남북 모두의 지혜를 모아 배려와 존중으로 서로 지켜주어야 합니다.
남북 8천만 온 겨레가 "조성만"이 되어야 합니다.
70년의 아픔을 녹여내어 서로 인내하고 끊임없는 대화와 설득으로 다름을 받아들이는 한 동포임을 확인해야 합니다.

30년 전 "조성만"은 이렇게 부활하여 우리와 함께하고 있습니다.

30년 긴 시간을 압축해, 조성만 형제를 바로 "지금 이 자리에" 현존할 수 있게 한 벗이며, 동지인 모든 분들에게 사랑과 감사의 인사를 드리며 함께 기도합니다.

고맙습니다.

2019년 1월 25일 바오로사도 회심 축일에
종교의 일치와 화해, 남북의 평화 공존을 기원하며
함세웅

통일의 작은 불씨가 되기를...

읽고 또 읽어 보았습니다. 유서...일기...평전...세 번, 네 번을 읽으며 행간에 녹아 있는 성만이의 마음을 헤아려 보고 남기고자 했던 뜻을 몇 번이나 새겨 보았습니다. 생각을 거듭하며 밤을 하얗게 새웠습니다. 환한 햇살에 눈이 부실 때쯤 성만이의 마지막 선택을 가슴 아파하며 받아들였습니다. 그 길만이 유일한 길이라고 생각했던 결단의 편린이나마 이해할 수 있었습니다. "척박한 땅, 한반도에서 태어나 인간을 사랑하고자 했던 한 인간이 조국통일을 염원하며 이 글을 드립니다…" 성만이의 평소 생각이 함축된, 남아있는 사람들에게 남긴 유서의 첫머리는 그렇게 시작되었습니다. 당시 불의한 군사정권의 버팀목이었던 주한미군의 철수와 올림픽의 남북공동개최, 양심수 석방…모두가 이 땅의 사람들이 평화로운 공동체를 이루며 살아가기를 바라는 소망을 담은 것이었습니다. 그리고 그 길을 크게 열어나가기 위하여 남과 북의 통일, 민족의 하나 됨을 가로막는 구조와 현상에 대한 타파를 외친 것이었습니다.

성만이는 현세의 삶이 비록 길지는 않았지만 많은 시간을 고뇌 속에 지냈습니다. 일기의 곳곳에는 암담한 현실을 마주하며 분노를 나타내기도 했고 나름 극복의 길을 모색해 보았지만 자신의 한계를 토로하는 심정을 피를 토하듯 적어 놓았습니다. 분단의 아픔 속에 고통 받는 민중의 삶, 돈의 노예가 되어 비인간화된 참담한 사회, 예수의 진정한 정신과는 거리가 먼 보수적 교회, 허상과 기만으로 점철된 우리가 사는 세상의 모습을 보며 사람이 사람답게 살아간다는 것, 궁극적으로 인간 구원의 길이 무엇인가를 깊게 고민하였습니다. 그 길에서 성만이는 예수의 삶을 떠 올렸습니다. 사람을 너무나 사랑했기에 선택한 십자가의 길, 피할 수 있었으나 스스로 걸어간 골고다의 언덕. 그럴 수 있다면 독배를 거두어 달라는 인간적 외침. 그러나 당신의 뜻대로 하시라며 몸을 맡긴 믿음. 그래서인가 봅니다. 성만이는 유서의 말미에 마지막 길을 떠나던 예수의 마음을 어렴풋이 알 것도 같다고 적었습니다. 성만이의 길지 않은 삶과 죽음은 예수를 모델로 한 순례의 길이었습니다. 예수의 정신과 믿음과 선택을 그대로 따른 참 신앙인의 길이었습니다. 모든 것을 내어 주더라도 세상에 사랑과 평화의 공동체를 건설할 수 있다면 기꺼이 독배마저 마실 수 있다는 결단은 온 누리 온 사람을 진정 사랑하지 않고는 절대로 갈 수 없는 길이었습니다.

성만이는 그렇게 우리 곁을 떠나갔습니다. 하지만 그 희생과 외침은 헛되이 끝나지 않아 저 역사의 강 아래로 도도히 흘러오며 모두의 가슴에 뜨겁게 남아 있습니다. 예수께서 십자가상에서 돌아가셨지만 그 모습이 영원한 구원의 상징이 되신 것처럼 성만이도 우리 가슴속에서 부활하여 활활 불타고 있으며 그 불은 영원히 꺼지지 않으리라 믿습니다. 이렇게 예수의 길을 따라 걸어간 성만이를 기리며 훗날 문정현 신부님은 "성만이는 내 신앙의 스승"이라고 고백하셨습니다.

"한반도의 통일은 그 누구에 의해서도 막아져서는 안된다" 일기에 쓰여진 글을 보며 가슴이 턱 막혔습니다. 그 글을 쓰며 얼마나 절박했을까…너무나 동떨어진 현실을 보며 얼마나 가슴이 아팠을까 헤아려 보았습니다. 그것을 이루는데 자신이 할 수 있는 것이 무엇일까를 고뇌했던 흔적이 여기저기 보였습니다. 성만이의 일기 중에는 또 "부활하는 내 한반도여"라는 글귀가 있었습니다. 유독 '내 한반도'라는 문구가 눈에 꽂히며 콧잔등이 시큰해졌습니다. 그 글귀를 30주기 추모사업의 큰 제목으로 정했습니다. 성만이의 의식은 우리보다 20년, 30년을 앞서 갔습니다. 분단 70년의 한반도는 이제 희망의 길로 들어서고 있습니다. 끊어졌던 철길이 이어지고 형제적 대화가 이어지며 남북 정상 간에 두터운 신뢰가 쌓이고 있습니다. 아직은 가야할 길이 멀고 수구보수 세력이 끊임없이 방해를 하겠지만 희망의 빛이 눈부십니다. 성만이가 살아 있다면 얼마나 좋아할까 생각하니 가슴이 아려옵니다.

　작년 봄, 30년간 꾸준히 성만이의 유지를 기억하고 이어온 사람들이 함께 모여 '통일열사 조성만(요셉) 30주기 추모사업위원회'를 결성하였습니다. 저도 가슴 한 비탈에 여전히 남아있는 처연한 마음의 빚이 있어 참여하였습니다. 추모위원 모집, 광주 5 · 18묘지 순례, 명동성당 추모미사, 심포지엄과 그 결과물의 발간, 추모공연, 추모 표지석 설치 등 30주기를 맞아 지금을 살고 있는 사람들과 꼭 함께 나누고픈 몇 가지 사업들을 선정하고 출발을 했지만 어느 것 하나 손쉽지 않았습니다. 기도하는 마음으로 하나씩 풀어나가자고 다짐했습니다. 많은 사람들이 기도에 응답해 주었습니다. 때로는 일과 사람에 부딪히며 밤잠을 설치기도 했지만 많은 사람들이 정성을 담아주고 연대와 격려의 마음을 모아주며 힘을 불어 넣었습니다. 그 마음과 힘으로 큰 탈 없이 모든 일을 진행할 수 있었습니다. 특히 30년 만에 명동성당에서 공식적으로 추모미사를 하고 사회사목 담당이신 유경촌 주교께서 직접 미사를 집전하시고 특별 강론을 해 주신 것은 한국천주교회사에 기록될만한 의미 있는 일이었습니다. 그밖에 광주순례도 현지의 사제, 동지들까지 모두 나서서 도움을 주었고 심포지엄 또한 여러 사람의 협력과 열정으로 잘 마쳤습니다. 특히 30주기 마지막 날인 12월 31일 세종로 공원에서 가진 '한반도 평화미사'는 엄동설한의 날씨에도 불구하고 함세웅 신부님을 비롯한 여러 사제들과 신자들이 모여 한마음으로 미사를 봉헌하여 행사의 대미를 의미 깊게 마칠 수 있었습니다. 한 가지, 명동성당 구내에 설치를 희망하는 추모 표지석 문제는 아직 시간이 더 필요합니다. 설치 장소까지 명동성당 측과 원만히 협의가 되어 이번엔 꼭 완료될 것으로 믿었습니다만 마지막에 서울교구청과 의견이 달라 미완의 과제로 남게 되었습니다. 하지만 이 역시 우리의 염원과 기도가 모아지면 길이 열리리라 믿습니다.

30주기에 몇 가지 사업을 하였지만 여전히 과제들이 남아 있습니다. 우리가 다 못하면 다음 세대에서라도 이루어 갈 수 있도록 터를 닦아 놓아야 할 것입니다. 성만이가 자기 자신을 위해 목숨을 내어놓은 것이 아닌 것처럼, 그 일들은 세상의 평화를 위해서입니다. 사람이 사람답게 사는 세상을 만들기 위해서입니다. 두 동강난 한반도의 허리를 잇고 민족의 하나 됨을 위해서입니다. 이 일들을 이루어나가는 대장정에 지난해 30주기 사업이 작은 불씨가 되기를 바랍니다.

30주기 추모사업 하나하나가 모두 중요하지만 작년 가을의 심포지엄은 그 결과물이 책자로 남는 것이어서 후대에 성만이의 유지가 가장 온전하게 전달되는 매체가 될 것으로 생각됩니다. 심포지엄이 성황리에 잘 마쳐진 것은 주제를 정하는 일부터 발표 마무리까지 다각적인 검토와 완결적 성과를 도출하기 위해 쏟아주신 여러분의 도움이 있었기에 가능했습니다. 이같이 뜻 깊은 일에 제대로 된 보상조차 없음에도 기꺼이 참여하여 주신 이대훈 교수, 이원영 박사, 심현주 박사, 조영주 박사, 경동현 박사님께 심심한 감사를 표합니다. 특히 이 가운데 세 분은 성만이와 같이 명동성당에서 청년활동을 하던 분들이어서 더욱 의미가 깊습니다. 성만이도 하늘에서 기뻐하며 흐뭇한 미소를 지을 것이라고 생각합니다.

어느 신학자가 쓴 성만이에 관한 글을 읽은 적이 있었습니다. 그 글에는 성만이에 대한 기억이 한 세대에 갇혀 있다는 뼈아픈 지적이 있었습니다. 같이 활동했던 세대에서나 기억하고 있을 뿐 후세대들은 모른다는 지적이었습니다. 가슴 아프게 받아들이며 반성했습니다. 지난 30년간 성만이의 유지를 제대로 실천하지 못했다는 자책감이 들었습니다. 30주기를 맞아 그나마 다시 한번 뜻을 새기면서 후대에 널리 전하고자 하는 일들을 모색해 보았지만 얼마나 의미 있는 열매를 맺을지 부족한 마음만 앞섭니다. 세상 안에 모두의 성만이로 거듭날 수 있어야 통일의 재단에 몸을 던진 성만이의 결단과 희생이 뜻깊게 결실을 맺을 터인데, '나만의 성만이' 또는 '우리만의 성만이'로 가두고 있던 것은 아닌지 우선 저 자신부터 성찰의 시간을 가지려 합니다.

끝으로 이 지면을 빌려 '통일열사 조성만 30주기 추모사업위원회'에 참여하여 주시고 마음을 나누어 주신 얼굴도 모르는 시민, 사제, 옛 가톨릭 청년운동 동지, 그리고 물심양면으로 도와주신 선·후배님들… 모든 분들께 머리 숙여 깊은 감사를 드립니다.

통일열사 조성만 30주기 추모사업위원회 상임대표
김지현(유스티노)

목 차

조성만 요셉 형제를 기리며! | 함세웅   5

통일의 작은 불씨가 되기를... | 김지현   9

❖ **조성만의 통일염원, 평화영성으로 다시 읽기** ·················· 심현주

1. 2018년에 조성만을 생각하게 하는 것들   21

2. 조성만의 평화영성   23

   1) 영성(spirituality)이란?   23

   2) 평화란?   25

   3) 조성만의 평화영성은   32

3. 조성만의 생애는 신앙의 열매   35

   1) 조성만의 죽음을 통해 본 삶의 의미   35

   2) 조성만의 이타적 자살은 사회적 죄를 극복하려는 의지   38

4. 조성만의 평화영성이 던지는 한반도의 과제   42

❖ **조성만과 평화세우기** ··· 이대훈

1. 글의 취지   57

2. 평화론 소개   58

3. 평화세우기의 관점   61

4. 조성만과 평화세우기   64

5. 조성만의 분단 고뇌와 탈분단   70

6. 시사점   75

❖ 한반도 평화의 상상력과 젠더 ······························ 조영주

　1. 들어가며　81

　2. 젠더 관점에서 평화를 논의한다는 것은　83

　3. 한반도 평화만들기와 여성 실천의 역사　87

　4. 탈분단에서 시작하는 한반도 평화만들기　92

　　1) 분단괴 통일을 넘어 탈분단으로　92

　　2) 탈/분단과 젠더　95

　5. 나오며　100

❖ 신앙의 이름으로 기억해야 할 조성만의 삶, 그리고 죽음

　−조성만 죽음의 순교적 의미에 대해 ······················· 경동현

　1. 들어가며　105

　2. 의로운 희생인가 교리에 어긋나는 죄인가?　108

　3. 자기 살해에 대한 경직된 교리를 성찰하며　110

　4. 천주교 통일·평화운동의 씨앗, 조성만　114

　5. 신앙의 이름으로 기억해야 할 조성만의 죽음　118

❖ 미중 패권 경쟁과 북미 관계

　−부시 행정부에서 트럼프 행정부 시기를 중심으로 ········ 이원영

　1. 서론　125

　2. 이론적 검토　127

　　1) 선행연구 검토　127

　　2) '패권안정론'과 '단극 정치론'　132

　3. 재균형 전략과 북미 관계　143

　　1) 미중 관계의 변화 : 차이메리카에서 재균형 전략으로　143

　　2) 미국의 대북 정책 변화

　　　　: 일방주의적 강압에서 전략적 인내로　　　　148

　4. 미중 패권경쟁과 북미 관계　　　　152

　　1) '방어적 수용'과 '공격적 봉쇄'의 경계점

　　　　: '미국 우선주의'와 무역전쟁　　　　152

　　2) 북미 관계의 불안정한 전환

　　　　: '최대의 압박과 관여'에서 북미 정상회담으로　　　　157

　5. 결론　　　　163

❖ 부록

　1. 조성만　　　　173

　2. 통일열사 조성만 30주기 추모사업위원회와 추모사업 소개　175

　3. 조성만 30주기,

　　민주화를 위해 헌신한 이들을 위한 미사 강론　　　　179

　4. 조성만의 마지막과 그와 함께 했던 사람들의 기록　　　183

조성만의 통일염원, 평화영성으로 다시 읽기

심 현 주

(서강대 생명문화연구소)

조성만의 통일염원, 평화영성으로 다시 읽기*

1. 2018년에 조성만을 생각하게 하는 것들

2018년, 조성만이 우리와 다른 존재 방식을 선택한 지 30년이 되는 시점에 유달리 그를 떠올리게 하는 일들이 많다. 올 2월 한반도기를 앞세우고 남·북이 공동 입장한 평창 동계올림픽은, 88올림픽 남북 공동 개최를 바랐던 30년 전 조성만을 떠오게 했다. 한동안 한반도 전쟁설이 감돌았던 탓이라, 세계는 남북의 공동입장을 극적인 평화의 물꼬로 이해했다. 한반도기에 조성만의 환한 얼굴이 겹쳐 보였던 까닭이 왜 없었을까!

남북공동 올림픽을 통해 한반도 분단 고착화를 끝내고 평화로 이어져야 한다는 그의 바람은 30년이 되어 현실로 나타나고 있다. 평창 동계올림픽 이후 4월 27일 판문점 남북정상회담과 6월 12일 북미 정상회담이 기적과 같이 이어졌고, 급기야 우리는 '휴전'협정이 '종전협정'으로, 더 나아가 '평화협정'으로 진척되기를 고대하고 있다. 70여 년간 사

---

* 이 글은 2018년 9월, 통일열사 조성만 30주기 추모 심포지엄에서 발표한 내용을 그대로 옮겨왔다.

실상의 전쟁을 끝내고 한반도의 평화가 시작되는 가슴 뭉클한 순간들, 복받치는 기쁨을 흘리며 조성만은 우리와 함께 있지 않았을까. 그는 '반공주의'에 희생된 수많은 무고한 사람들과 한판 흐드러지게 놀았을 법하다.

그를 기억하지 않을 수 없는 또 다른 일은 올해 광주학살의 진상규명이 본격적으로 시작된 일이다. 광주학살의 진상과 과정들이 하나씩 모습을 드러내는 과정에서 조성만이 떠오르는 이유는 단순히 "광주학살 진상규명"이라는 그의 구호 때문이 아니다. 그 구호에 담겨 있는 민주주의에 대한 열망 때문이다. '광주사태'가 '광주 민주화 운동'으로 명백하게 밝혀진다는 것은 국민이 국가의 주인으로 자리를 찾아가는 여정에서 하나의 중요한 이정표가 아닐 수 없다. 위험한 권력이 필연적으로 불러일으키는 무서운 불화와 끊임없는 혼란 속에서 그리고 국민들로부터 주권을 박탈하는 신성불가침의 권위 앞에서, 조성만은 신성한 국가 질서가 무엇인가를 죽음으로 보여준 것이다.

또 올해는 한국천주교회가 '평신도 희년'을 지내는 때이기도 하다. 한국주교회의는 평신도 사도직단체협의회(한국평협)의 설립 50주년을 기념하기 위해 '평신도 희년'을 지내도록 했다. 한국천주교회는 수많은 평신도들의 목숨을 거름 삼아 성장한 '자발적' 교회다. 평신도들은 사제들(직무사제직)과 달리 보편사제직을 수행한다. 보편사제직은 "삼중사명"을 갖는데 사제적·예언자적·왕적 사명이다. 사제적 사명은 하느님의 영광과 인류의 구원을 위해 봉헌하는 일이다. 예언자적 사명은 복음을 선포하고, 이 세상에 있는 죄악의 정체를 밝히고 고발할 수 있는 역량과 책임이다. 왕적 사명은 하느님 나라를 확장하는 일이며, 특별히 모든 피조물을 그 본래의 가치로 회복하는 일이다.[1] 사람들이 전쟁과 불의로부터 위협받으며, 생존을 위한 끝도 없는 경쟁 속에서 살아가는 현실은 사람의 본디 가치, 곧 본성을 상실한 상태다. 죄악의 상태다. "손수 만드신 모든 것이 참 좋았다"(창세 1,31)하신 하느님의 창조질서를 회복하는 일은 평화와 정의를 만들어 가는 일이다. 요한바오로 2세도 평화를 위한 평신도의 역할을 강조했다. "평신도들은 평화의 필수 토대인 진리와 자유, 정의와 사랑을 위한 활동으로써 "평화를 위하여 일하는 사람"이 되어야 할 과업을 스스로 도맡아야 합니다."[2] 분단의 사슬이 대한민국 국민들의 삶을 왜곡하고 인권유린조차 당연시되는 악의 현실을 폭로한 예언자적 자세, 그리고 그 사슬을 끊고 화해와 일치를 실현시키기 위해 자신을 희생양으로 바친 그 사랑은 봉사하는 왕직에 참여한 모범적 평신도가 아닐 수 없다.

2016년부터 2년여 사이에 한국 사회에서 벌어졌던 일련의 사태들—촛불혁명, 국정농단 대통령 탄핵, 촛불 대통령 당선, 남북미 정상회담 등은 마치 조성만 30주년에 그의 '통일−평화 염원'을 새롭게 해석하고 실천하라는 과제로 느껴질 정도다. 정상국가로 가기 위한 출발점에서 조성만에게서 느껴지는 힘은 '평화영성'이다. 절망과 죽음에 맞서는 생명력 때문이다. 이제 그의 뜻을 '평화영성'으로 다시 이해해보고자 한다.

2. 조성만의 평화영성

1) 영성(spirituality)이란?

영성은 자기를 초월하여 하느님과 일치하려는 종교적 감성이다. 천

---

[1] 요한 바오로 2세, 『평신도 그리스도인』, 14항, 15항; 제2차 바티칸 공의회, 「평신도 교령」 2항.
[2] 요한 바오로 2세, 『평신도 그리스도인』, 42항.

주교 용어 자료집에 따르면, 영성은 개인 또는 공동체가 지닌 믿음과 그 표현의 총체다. 영성은 예수 그리스도의 인도와 성령의 도움으로 형성되며, 그리스도교 신앙에 입각한 신관과 세계관, 윤리관, 가치관을 모두 포함한다. 영성은 하느님과 자기 자신, 이웃, 그리고 세상에 대한 자기 초월적 사랑으로 형상화된다.[3] 영성은 자기중심을 넘어서서 하느님과 이웃에게 일치하려는 삶이라고 할 수 있다.

우리를 부르시는 하느님은 "내가" 누구인지를 묻는다. 이 물음은 추상적인 '나'가 아닌 구체적인 '나', 곧 인간 종(種)으로서의 '나', 구체적인 역사적 현실(reality)에 존재하는 '나'를 묻는다. 현실은 동료 인간들과 공유된 경험이며 관계이다. 부르심에 대한 응답은 이 구체적인 현실 안에서 살아가는 '나'에 대한 진정한 이해와 하느님 앞에서 가지는 자기실현에 대한 궁극적 결정이다.[4] 따라서 그리스도인은 하느님과 나 그리고 동료 인간과의 관계 안에 실존할 수밖에 없으며, 현실에 책임을 갖는다. 책임을 갖는 실존이란 단순히 교리나 도덕적 가치에 의존하는 생활양식이 아니다. 다른 사람들과 공감하는 삶이다. 그러므로 영성은 첫째, 사회적 약자의 고통에 참여하도록 이끈다. 둘째, 세상의 내면을 올바로 파악하는 지혜다. 전통적으로 영성은 고통으로 벗어나기 위해 자신의 내면을 응시하고 감정을 순화하는 것이었다. 그러나 현대신학의 관점에서는 눈에 보이지 않는 사회구 조적 모순도 함께 응시할 수 있어야 한다. 동시에 그 구조 안에서 살아가는 인간의 내적 탐욕, 분노, 무지, 절망과 소외가 어떻게 표출되는지 이해할 수 있어야 한다. 셋째, 영성은 세상 속에서 세상을 넘어서는 힘이다. '교회 밖에

---

3) 한국천주교중앙협의회, 『미디어 종사자를 위한 천주교 용어 자료집』, 2011.
4) 칼 라너, 이봉우 옮김, 『그리스도교 신앙 입문』, 왜관: 분도, 1994, 62쪽.

구원 없다'(Extra Ecclesiam Nulla Salus)가 아니라 '세상 밖에 구원 없다'(Extra Mundum Nulla Salus)를 선언한다. 영성을 실천하는 이들은 영적 수행과 구원을 위해 세상을 버려야 하는 것이 아니라, 세상의 깊은 곳으로 들어가야 한다. 세상이야말로 영적 수행과 구원의 장소다. 예수는 세상 밖이 아니라 세상 속에서 수행을 완성했다. 넷째, 영성은 일상의 모든 경험을 수행으로 삼는다. 영성은 일상에서 신비를 발견하고 체험하는 능력이다. 일상으로부터 도피하지 않으며, 일상에 뿌리내리고 일상에 도전하고 일상을 변혁한다. 결과적으로 영성은 하느님의 부르심에 응답하는 삶으로, 이 현실의 일상 안에서 하느님·이웃과의 일치를 이루고자 하는 실천이다. 이런 실천은 '자기초월'의 신비를 체험하면서 세상의 변화에 영향을 미친다.

조성만의 영성은 분단의 현실에서 고통받는 한국인들에 대한 연민에서 시작된다. 자신의 죽음을 통해 분단의 현실을 극복하고자 했던 그의 실천은 십자가의 영성과 일치하며, 이웃과 세상에 대한 자기초월적 사랑을 표현한다. 조성만의 영성은 다음과 같이 표현된다. "가시관이 눌려 씌워진 상태에서 신음하는 예수의 모습이 나를 부릅니다. 나는 어쩔 수 없이 예수와 함께할 수밖에 없는 풀인가 봅니다. … 인간의 해방이란 개인적인 차원으로는 득도에밖에 이르지 않는다. 진정 사람을 사랑하는 것은 사회성 속에서 존재하는 것이며 이 속에서 사랑이란 말이 승화되어 그 말이 없어지는 것이리라."[5]

2) 평화란?

평화는 단순히 전쟁의 부재만이 아니며, 오로지 적대 세력의 균형

---

5) 송기역, 『요셉 조성만 평전. 사랑 때문이다』, 서울: 오마이북, 2011, 297쪽.

유지로 전락될 수도 없고, 전제적 지배에서 생겨나는 것도 아니다. 올바로 또 정확히 말하자면, 평화는 "정의의 작품(Opus justitiae Pax)"이다.[6] 일반적으로 평화는 좁은 의미에서 전쟁이 없거나, 폭력이 행사되지 않는 상태로 정의된다. 넓은 의미로는 단순히 전쟁 및 갈등이 존재하지 않는 것이 아니라, 구조적 폭력까지 부재한 상태로 정의된다. 가톨릭교회는 보다 적극적으로 넓게 해석하여 전쟁의 원인인 국가 간 불평등을 해소하기 위한 '정의와 사랑'의 실천을 평화라고 말한다. 평화는 구조적 폭력이 부재해야 하고 발생될 수 있는 국가 간 분쟁 사유가 없어야 이루어질 수 있다. 때문에 현 시대에는 보다 넓고 적극적인 평화론이 적합하고 필요하다고 여겨진다.

평화학에서 평화는 세 차원의 범주로 분류된다. 국제평화(국제사회의 안정), 국내평화(사회질서의 화평), 개인평화(마음의 평온)다.[7] 이 세 범주의 평화는 긴밀한 연관 관계에 놓여있다. 국제평화 없이 국내평화는 불가능하며, 또 사회질서의 화평 없이 개인에게 평화는 불가능할 뿐만 아니라 국제평화도 이룰 수 없다. 오늘날 무한 경쟁을 부추기는 신자유주의 체제의 폭력 앞에 취업불안과 생존에 위협을 받는 사람들이 증가하고, 묻지마 범죄가 증가하면서 사회의 불안심리가 극도로 높아진 한국사회의 현실이 증거이다. 역시 분단이라는 상황에서 냉전과 반공을 빌미로 간첩 조작, 색깔 시비, 국정원의 국내정치 개입, 국민사찰, 더 나아가 소수의 사람들이 온갖 특권을 누릴 수 있었던 비정상적 사회를 만들어 낸 것도 그 예이다. 이 전쟁상태라는 비정상성을 '정상'으로 여기는 기득권 권력은 국외에도 확고하게 구축되어 있다.

---

6) 제2차 바티칸 공의회, 「사목헌장」 78항.
7) 김민수, 「헌법의 평화원리 실현에 관한 고찰」, 『통일과 평화』 8집 1호, 2016, 5~6쪽.

조성만과 한반도 평화

미국의 군산복합체와 기득권 세력, 일본의 우익 보수 세력은 한반도 전쟁과 긴장의 수혜자들이다. '국제－국내－개인'의 평화는 이렇게 뒤 엉켜 있다. 이를 조성만은 이렇게 표현했다. "한반도의 통일은 그 어느 누구에 의해서도 막아져서는 안 됩니다. 조국이 분단된 지 어언 44년 … 이 땅의 주인인 민중들은, 어느 한구석 성한 곳 없는 사회에서, 민족의 바람인 조국의 독립과 통일을 이야기만 해도 역적으로 몰려 세상에서 삶을 뿌리 뽑힌 채 갈수록 비인간화되는 모습으로 치닫고 있습니다."[8] 조성만의 통일 염원은 단순히 '전쟁의 위협이 없는 국가', 곧 소극적 의미의 평화를 열망한 것이 아니다. 분단된 비정상적 국가가 정상국가가 되어야 풀뿌리 국민들을 억압하는 체제가 사라질 것이라는 믿음이었다.

평화 사상은 맨 처음 그로티우스(Hugo Grotius, 1583~1645)에 의해서 체계화되었다. 그는 국가 간 분쟁을 법적으로 다스릴 수 있다고 믿었다. 국내 정치체제의 민주화를 통해 평화를 실현하고자 했던 사상가는 루소(Jean Jacques Rousseau, 1712~1778)였다. 칸트(Immanuel Kant, 1724~1804)는 국가 차원의 평화를 국제적 범위로 넓혀 국제관계에서의 평화를 구상하면서 평화연구의 이정표를 찍었다. 이 모든 평화론에 영향을 준 사상은 '만민법'이다. 스콜라 철학의 대표자인 토마스 아퀴나스에서 시작한 만민법 사상은 비토리아(Francisco de Vitoria, 1483~1546, 도미니코회)와 수아레즈(Francisco Suárez, 1548~1617, 예수회)를 통해 체계화되었고, 이들의 사상은 국제법의 아버지라 불리는 그로티우스에게 직접적인 영향을 미쳤다. 만민법은 오늘날 국제법 연구에서 그 현대적 이념의 기초로 주목받고 있다.[9] 중세에 체계화된 만민법이 갖는 현대

---

8) 송기역, 앞의 책, 347~348쪽.

적 의의는, 첫째 '국가주권' 개념을 기초 지었기 때문이다. 사람은 본성
상 사회적 존재이며 이 존재들은 저마다 가장 적합하다고 생각하는 정
치 형태를 형성한다. 국가는 사회적 존재인 인간에게 필연적 공동체이
기 때문에 그 자체로 '완전한 사회'(Societas Perfecta)이며 국가주권은
절대적이다. 둘째 모든 국가는 독립하여 동등한 관계를 가져야 한다는
사상을 기초 지었다. 수아레즈는 특히 인류공동체에서 중요한 것은 개
별 국가들의 완전한 독립이라고 생각했다. 국가가 존재해야 하는 목적
은 '시민'들에게 있기에, 각 국가 시민들의 공동선을 위해 국가들은 독
립을 유지하며 국가들의 일치를 필요로 한다고 보았다. 만민들이 일치
하고 공존하기 위한 규칙들이 바로 만민법이다. 비토리아와 수아레즈
는 만민법의 목적을 'Bonum Orbis'(세계 공동선)에 두었다. 이들은 국
제 공동체를 국가 공동체의 상위 개념으로 두었다. 비토리아는 세계
공동선을 위해 공동의 목적을 지향하는 국제법원(an international court)
의 필요성과 동시에 국가를 통해 만민들의 평화와 안전을 보장할 만민
법의 필요성을 제시했다. 이런 의미에서 비토리아의 만민법은 두 가지
목적을 갖는다. 하나는 'for People'이며 다른 하나는 'for States'다.[10] 오
늘날 국제법이 실정법인지, 관습법인지에 대한 논란은 비토리아에게

---

9) Daniel Deckers, *Gerechtigkeit und Recht. Eine historisch-kritische Untersuchung der Gerechtigkeitslehre des Francisco de Votiria*, Freiburg: Herder, 1991, p.343; 오세혁, 「비토리아와 수아레즈의 만민법 사상」, 『법학논문집』 제34집 제2호, 중앙대학교 법학연구소, 2010, 261~285쪽. 오세혁은 '이들의 법사상이 중세의 신학적 자연법론과 근대의 이성적 자연법론, 또 중세의 만민법론과 근대의 국제법론을 이어준다는 점에서 중요하다. 국제법의 창시자로 알려져 있는 후고 그로티우스가 이들의 사상에 큰 영향을 받았다는 점에서 이들에게 국제법 창시자로서의 자격이 충분하다'고 논증한다.

10) Brown Scott, J., *The Spanish Origin of International Law. Francisco de Vitoria and his law of Nations*, Oxford: Carendon Press, 1934, p.140. (재인용: 심현주, 「가톨릭 전통에서의 만민법사상: 그 사상의 발전과 현대적 실행방안에 관한 연구」, 『가톨릭철학』 제21호, 한국가톨릭철학회, 2013, 104~105쪽).

서 답을 얻는다. 그는 만민법이 자연법과 같은 도덕적 당위성이지만, 모든 민족들의 실질적인 공동합의와 조약에 의해 실제 구속력을 가질 수 있다고 보았다.

수아레즈는 개별국가의 복리보다 인류 전체의 복리를 더 중요하게 여겼다. 세계 공동선은 개별 국가의 주권을 보호하기 위해 필요하기 때문이다. 따라서 각 국가는 국가 간 합의한 법적 테두리 안에서 자국의 이익을 추구해야 한다. 수아레즈는 만민법(jus gentium)을 두 가지 의미로 구분했다. 하나는 '국가 내의 법'(jus gentium intra se)으로 개별 국가들 안에서 유효한 규범들을 말한다. 시민법이다. 다른 하나의 의미는 '국가 간의 법'(jus gentium inter se)으로 모든 민족들이 상호 관계를 갖는데 존중해야 하는 규범들을 말한다. 본디의 만민법이다. 이로써 그는 만민법(jus gentium)이 현대적 의미의 국제법으로 이해될 수 있는 결정적 시금석을 놓았다.[11] 수아레즈는 만민법이 민족들 간 최소한의 공통된 관습을 토대로 입법화된 것이기 때문에 실정법적 성격을 가지며, 따라서 만민법에 의한 의무사항들은 모든 민족들의 동의가 없이는 폐기될 수 없다고 주장했다. 만민법이 변화되거나 폐기될 가능성은 모든 민족들이 동의할 때만 가능하다. 또 상반되거나 새로운 관습이 점차로 통용될 때 만민법 규범들은 변경될 수 있으나, 이 역시 국제

---

[11] Brown Scott, J.(ed.), *The Classics of International Law: Selections From Three Works of Lectures Francisco Suárez, S.J.*, New York: William S. Hein & Co., Inc., 1995, p.347. 존 롤스 역시 이 두 가지 의미를 구분하고 '국가 간의 법'(jus inter gentes)인 만민법만을 고유한 의미의 국제법으로 인식한다. 그는 Jus gentium의 두 의미 모두 자연법과 연관이 있고 실정법적 특성을 지닌다는 공통점을 언급하면서 동시에 차이점도 지적한다. 만민법은 시민법과 달리 관습법으로서 존재한다는 점이다. 불문법으로서의 만민법은 한 국가에 의해 제정된 것이 아니라 국가들 사이의 관습에 의해 형성된다. 존 롤스, 장동진 · 김만권 · 김기호 옮김, 『만민법』, 서울: 아카넷, 2009, 13 · 48쪽. (재인용: 심현주, 앞의 글, 112쪽).

적으로 통용되는 관습이나 합의를 통해서만 가능하다.[12] 더 나아가 수아레즈는 전체 공동선을 위해 만민법을 위반한 행위, 특별히 평화를 파괴하는 행위에 대한 형벌권이 필요하다고 언급했다.[13] 만민법이 국가의 존재를 위협하는 행위에 대한 형벌권, 국가들 간의 자유롭고 공정한 무역에 관한 법 규정을 포괄해야 한다는 주장이다. 이런 맥락에서 만민법은 국가들이 서로간의 후원과 정의와 평화 아래서 협력하고 공존하기 위해 필요한 법이며, (거의)모든 민족들의 동의에 기초하기 때문에 만민법의 제정자는 모든 민족이다. 만민법에 적용되지 않는 국가들에 대해서는 관습법에 의해 대해야 한다는 것이 그의 견해다.

현대 사회윤리학자들은 수아레즈의 세계 공동체 사상(Orbis Idee)을 받아들이면서도, 국가주권에 대한 그의 견해가 18세기 말 이후 현대적 '시민주권' 사상에 부합할 수 있는지에 대한 의문을 제시한다. 18세기 이미 칸트는 영구평화를 위한 철학적 기획에서 "모든 국가의 시민적 정치 체제는 공화 정체이어야 한다."고 제1 확정조항에 기술했다.[14] 공화 정체는 법적 체제에 기초한 세계시민주의를 표방한다. 세계시민주의 사회에 대한 칸트의 구상은 사람들의 무조건적 평등성에 기초한다. 이에 사회윤리학자들은 동의한다. 국가가 인간 본성으로부터 요청되는 조직이며, 따라서 국가주권은 사람의 권리보다 우선할 수 없다는 이해 때문이다. 이런 까닭에 오늘날 사회윤리학자들은 국가주권의 절대성을 시대적 한계로 인식한다. 세계 공동선을 위해서는 국가가 '완전한 사회'라는 닫힌 사고방식을 버리고 국가주권이 아니라 인권에 기

---

12) Brown Scott, J.(ed.), Ibid., pp.351~357.
13) Josef Soder, *Francisco Suárez und das Völkerrecht. Grundgedanken zu Staat, Recht und internationalen Beziehungen*, Frankfurt a. M.: Alfred Metzner, 1973, pp.230~231 · 237~238.
14) 임마누엘 칸트, 이한구 옮김, 『영구평화론』, 파주: 서광사, 2010², 26쪽.

초한 만민법을 세워야 한다는데 의견을 모으고 있다. 보편적 인권에 기초한 만민법은 국가 간 공정한 관계를 형성하고, 폭력 없이 갈등을 해결하는데 이바지해야 하며, 평화·정의·환경에 관심을 두고 개별국가의 독립적 주권행사를 부분적으로 포기시킬 수도 있어야 한다. 국가는 결코 개인들의 권리와 평화에 우선하는 존재가 아니기 때문이다.[15]

가톨릭교회는 요한 23세(재위기간 1958~1963년)부터 '인권에 기초한 평화론'을 전개한다. 교황은 "각 정치 공동체들의 공동선과 마찬가지로 세계적 공동선도 인간 존재의 존엄성을 고려하면서 규정되어야 한다. 따라서 세계 공동체의 공권력도 인권의 증진, 보호, 존중, 인정 등을 근본적인 목표로 제시해야 한다."[16]고 권고했다. 바오로 6세(재위기간 1963~1978년)는 민족자결의 원칙 아래 연대의식으로 공동세계를 지향할 것을 권고했다. "발전은 평화의 새로운 이름"[17]이라는 슬로건 아래 인류전체의 균등한 발전을 촉구했다. 구체적으로 국제협약을 통한 공정한 무역경제, 균등한 발전, 재정원조와 기술지원을 위한 세계기금제도, 국가 간 갈등을 중재할 국제적 권위 등을 제안했다. 아울러 가톨릭교회는 군비경쟁 중지, 핵무기 개발 중지, 상호합의에 의한 통제된 군비축소, 민족주의와 인종차별주의 극복, 문화 간 충돌 극복 등 정치 경제 군사 문화적인 다차원에서 세계평화를 위한 방안들을 촉구하고 있다.

국제적 차원의 평화에 대한 조성만의 생각은 자세히 알 수 없다. 그러나 '한반도 통일'이라는 국내 평화문제는 국가 간 관계, 특별히 미국

---

15) 국가주권은 시민들의 주권이며 따라서 엄밀한 의미로 만민법은 인권으로 이해되어야 한다. Furger, Franz, *Politik oder Moral*, Stuttgart·Düsseldorf: Benzinger, 1994. pp.60·63~64.
16) 요한 23세, 『지상의 평화』, 139항.
17) 바오로 6세, 『민족들의 발전』, 76항.

과 동북아시아 국가들의 관계와 긴밀하게 연결되어 있으므로 그의 평화관이 국내차원에 국한되어 있었다고 추측할 수는 없다. 오히려 중요한 점은 그의 평화관이 '국가주권' 중심의 사고가 아니라, '시민주권'이라는 인권 중심적 사고에 기반을 둔다는 점이다. "우리는 아무 거리낌 없이 민족의 동질성을 찾아야 합니다. 그랬을 때만이 진정한 통일은 이루어질 수 있으며 한 민족이 함께 어우러지는 세상에서 평화를 맞이할 수 있을 것입니다. … 찢어진 우리나라를 하나 되게 해야 합니다. 진정한 언론 자유의 활성화, 노동형제들의 민중생존권 싸움, 농민 형제들의 뿌리 뽑힌 삶의 회복, 민족교육의 활성화 등등 이루 헤아릴 수 없는 무수한 문제를 쌓아놓고 있는 현실 속에서 지금 이 순간에도 무수한 우리의 형제들이 고통 받고 있다는 현실은 차분한 삶을 살아가고자 하는 인간에게 더 이상의 자책만을 계속하게 할 수는 없었으며, 기성세대에 대한 처절한 반항과, 우리 후손에게 자랑스러운 조국은 남겨주어야 한다는 의무감만을 깊게 간직하게 했습니다."[18] 동시대의 고통 받는 민중뿐만 아니라 다음 세대의 민중들까지도 염려하는, 세대를 관통하는 사람 중심의 평화관을 엿볼 수 있다.

3) 조성만의 평화영성은

사람을 토대로 하면서 사람을 목적으로 하는 조성만의 평화관은 '궁극적인 인간해방'을 지향한다고 여겨진다. 궁극적 인간해방이란 한 마디로 사람을 사람답게, 곧 이 세상의 악한 관계들에 의해 잃어버린 사람의 본성을 회복하는 것이리다. 철학적으로, 사람다움의 중요한 요소

---

[18] 송기역, 앞의 책, 350쪽.

는 '자유'다. 무엇을 선택할 수 있는 권한이 아니다. '악'으로부터 벗어나 '최고의 선'을 향해나가는 자유를 말한다. 하이데거(Martin Heidegger, 1889~1976)는 '최고 선'을 진리라 여겼고, 진리의 본질은 자유라고 했다. 자유는 실재를 실재로 만나고 존재자를 존재하도록 하는 사람의 힘이다. 달리 말하면, 자유는 사람이 사람으로 존재하도록 하고 사람을 사람으로 만나게 하는 힘이다. 곧, 궁극적 인간해방은 자신의 결정에 따라 '최고의 선'을 실천하는 자유로운 존재가 되는 것이다.

사람을 사람답지 못하게 만드는 억압은 사회적 의미다. 사회는 그 구성원 모두가 자유를 구체적으로 행사할 수 있게 하는 정치적, 사회적, 문화적, 경제적인 총체적 여건이다. 독일의 사회학자 게오르그 짐멜(G. Simmel, 1858~1918)에 따르면, 사회는 개인들이 모여서 이루어진 영역이긴 하지만, 단순히 사람들의 집합체는 아니다. 사회는 제도, 질서, 권력관계, 의식 등을 구조화하면서 개인의 의지와 독립되어 형성되는 영역이다. 사회구조는 구성원 개인들의 자아형성과 삶의 방향에 결정적 영향을 미친다. 사회구조가 사람에게 악한 것을 원하게 되는 강제된 조건을 만든다면, 사람들은 의지와 무관하게 악을 행하게 된다. 악한 사회구조는 사람이 갖는 보편적인 원죄를 현실태로 이끌어낸다. 원죄, 죄를 지을 수 있는 보편적 가능성은 아담에게 유전적으로 물려받은 자연적이고 생물학적이며 초역사적인 것이 아니라 사회적 맥락 안에 자리 잡고 있는 것이다.[19] 강제된 시스템에 의해서 악을 추구하게 되는 상태를 '의지의 부자유'라고 한다. 선을 성취하려는 자는 실패자로 인식되고, 선의 성취가 요원하다고 인식하게 되는 슬픈 상황을 만든다. 사회구조가 인간에게 '자유의 의지'가 아닌 '의지의 부자유'

---

[19] 볼파르트 파넨베르크, 박일영 옮김, 『인간학』 I, 왜관: 분도, 1996, 146쪽. 교회도 제2차 바티칸 이후로 사회적 관계 안에서 죄가 발현된다고 인정하고 있다.

를 강요할 때, 사람들은 자신에게 가해지는 '의지의 부자유' 상태를 넘어 절대적 가치로 나아가려는 의식적 태도를 보인다. 이 태도는 사람이 자기 스스로를 자유롭게 만들고자 하는 해방을 향한 욕망이며, 실존의 최종 목표를 향한 것이다. 이 최종 목표는 '진리'의 영역에 속한다. 진리에 이르고자 하는 사람의 자유는 생물학적·사회적 한계를 뛰어 넘는다. "진리가 너희를 자유롭게 하리라."(요한 8,32)는 예수 말씀과 맞닿는다. 진리는 사람의 본성과 합치되지 않는 모든 상태를 극복하려는 가치와 자유행위를 가능하게 한다.

물론 '최고의 가치' 혹은 '절대적 가치'는 없다거나 필요 없다는 사고방식도 있다. 이런 사고는 사람이 지켜야 할 규범은 실제 생활에서 생겨난다고 주장함으로써 현실생활과 타협한다. 이런 사고를 실용주의적 철학이라고 한다. 이런 사고는 사람답게 존재하기 위한 당위적 가치를 추구할 수 없다. 단지 이 세상과 타협하면서 자기 삶의 이익을 위해 기회주의적으로 행동할 수 있을 뿐이다. '최고의 선'을 추구하는 영성은 기회주의적이기는커녕 너무나도 우직하고 완고하다. 예수는 자신이 옳다고 믿는 바를 실천하기 위해 율법도 죽음도 두려워하지 않았다. 죽기까지 하느님의 뜻에 순종한 자유인이었다. 조성만은 이런 예수를 닮았다. 그는 이 세상의 성공신화와 강요된 삶의 순리를 거부하고 죽음으로부터도 자유로웠다. '모든 사람들의 평화'라는 '절대적 가치'에 순종한 자유인, 모든 사람이 사람답게 살아갈 수 있는 세상을 위해 투신한 진정한 자유인이었다. 그의 자유는 그 자신이 진리에 다가갈 수 있는 영성의 힘이었으며, 그 자신과 다른 사람들을 자유로운 존재로 해방시키는 진리의 힘이었다.

3. 조성만의 생애는 신앙의 열매

1) 조성만의 죽음을 통해 본 삶의 의미

실존주의자들에게 가장 확실한 진리는 "나는 죽는다"이다. 살아있는 생명체는 언젠가는 죽으니, 살아있는 모든 사람은 어느 누구도 죽음을 피할 수 없다. 하이데거도 '사람은 죽음을 향한 존재'라고 말했다. 그는 『Sein und Zeit』(존재와 시간)에서 사람의 죽음을 시간성과의 관계에서 파악했다. 곧, 죽음은 시간 안에 있는 존재의 운명이다. 그리고 죽음은 가장 인간적인 것이 드러나는 인간 본질의 표현이다. 죽음은 사람에게 진리이기에, '죽음'이라는 사실을 나의 것으로 인정할 때 사람은 진리에 속한 삶을 살아가게 된다. 반대로 죽음을 멀리하면 멀리할수록 사람은 허위의 삶을 살게 된다. 권력과 부를 가질수록, 생명과학이 발달할수록, 보건위생이 좋아질수록 그것을 향유하는 사람에게 죽음은 멀어진다. 죽음을 나의 것으로 인식하지 못한다. 그저 다른 사람의 것이다. 그러나 실존철학에서 중요한 것은 개별 인간이 언제나 나의 것인 죽음과 맺는 관계이다. 삶은 이 시간성—역사—안에서 죽어가는 과정이기에, 어떻게 살 것인가의 물음은 어떻게 죽을 것인가에 대한 물음이다. 따라서 죽음과 맺는 관계는 나의 삶과 맺는 관계이다.

실존주의 철학자 장 폴 사르트르(Jean-Paul Sartre, 1905~1980)는 생물학적이나 의학적으로 규정되는 죽음만을 말하지 않았다. 죽음은 생의 끝에 일어나는 일회적인 종말사건이 아니라 인간의 삶을 언제나 에워싸고 다양한 형태로 삶 속에 자리하고 있다. 질병, 고독, 실패, 이별, 노화, 절망, 삶의 공허감 등 인간의 한계상황들은 죽음의 과정일 뿐 아니라, 삶 자체에 실존하는 죽음의 형태다. 그러나 장차 생물학적 죽음에 직면해서 내가 겪을 위기는 지금까지 겪어 온 위기와는 본질적으로 다른 것이다. 내가 살아가는 동안에는 내 인생은 완결되지 않은 상태다. 그러나 죽음이야 말로 삶을 완성시키는 순간, 인간존재에게 중요한 의미를 갖는 삶의 사건이다. 삶에 마침표가 되는 죽음의 순간이 내가 살아온 미완성의 과정을 완성시키는 순간이며, 내 인생은 더 이상 수정이 불가능하다. 따라서 나의 죽음은 내 인생을 나의 고유한 것으로 만드는 사건이 된다. '탄생이 인생이듯 죽음도 인생'이다.

죽음을 나의 것으로 받아들이는 자세는 염세주의나 쾌락주의를 뜻하지 않는다. 염세주의자들은 인생을 한갓 덧없는 순간으로 인식하며, 삶의 의미나 인간 사회의 상태에 대해서는 관심을 두지 않는다. 쾌락주의의 대변자인 에피쿠로스(Epikouros, B.C. 341~271)는 죽음에 대해 다음과 같이 말한다. "사람은 살아 있거나 죽어 있거나 둘 중의 한 상태에 있다. 살아 있는 동안은 아직 죽음이 경험되지 않고 죽어 있는 상태에서는 의식이 더 이상 살아 활동할 수 없으므로 죽음에 대해 아무것도 알 수 없다." 에피쿠로스에게 죽음은 단지 객관적이고 보편적인 사건, 다시 말해 간접경험을 통해 알 수 있는 하나의 지식에 불과하다. 실존주의자들이 죽음을 나의 것, 내면화된 체험으로 강조하는 것과는 대조적이다. 죽음이 나의 실존과 단절이 되면, 사람은 자신의 삶에 실존적 의미를 부여하지 못한다. 그저 살아 있는 동안 고통 없이 행복하다고 느끼면 그만이다. 죽음에 대해 아무것도 알지 못한다며 죽음을 거부한 에피쿠로스가 '쾌락'을 인생의 목적으로 설정한 것은 그리 놀랍지 않다.

죽음을 나의 것으로 받아들이는 자세는 내 삶의 유한성에 대한 내면화된 체험이다. 이런 체험은 나의 유한한 삶에 실존적 의미를 부여한다. 브라질의 신비주의 작가 파울루 코엘류(P.Coelho, 1947~)는 그의 책 『순례자』에서 죽음을 다음과 같이 묘사한다.

> 죽음은 나의 친구이자 조언자였다.
> 나로 하여금 남은 삶의 단 하루라도 비겁하게 살지 않을 것을 결심하
> 게 한.
> 지금 할 수 있는 일을 훗날로 미루는 걸 허락하지 않을 것이다.
> 살아가면서 치러내야 할 싸움들을 피하게 하지도 않을 것이며,
> '선한 싸움'을 이끌어 갈 수 있도록 나를 도와줄 것이다.
> 나는 내 곁에 있는 죽음의 존재를 확인하고
> 그의 다정한 얼굴을 바라보면서,
> 앞으로 삶이라는 생명수를 마음껏 마시게 되리라는 것을 확신했다.

인간 실존이 죽음으로부터 받는 의미가 있다면, 그것은 덧없는 인생을 비관하는 것도, 인생을 즐기기만 하는 것도 아니다. 그것은 '나'의 실존에 생명의 의미를 부여하는 것이다. 생명의 의미란 삶 자체, 곧 역사 안에서 양적으로 계산되는 시간 개념으로 오랜 기간 살아남는 것이 아니다. 사르트르의 말처럼, 무조건적으로 살아남고자 하는 의지는 이 세상의 유한한 것들에 집착하도록 하며, 집착하는 것들로부터 강제적으로 떼어 놓는 죽음을 절망적인 것으로 만든다. 그러나 사람의 유한성과 생존의 가치를 아는 사람은 현재의 삶에서 존재의 의미를 발견하고자 한다. 사람이 관계 안에서만 살아갈 수 있다는 진리를 통해 본다면, 존재의 의미는 사람들과의 관계 안에서 만들어진다. 죽음을 통해 '나'는 역사적 시간 밖의 존재, 곧 비인간적인 존재가 된다 하더라도, 죽음을 통해 완성된 나의 인생은 이 세상의 관계 안에, 역사에 남는다. 시간을 뛰어넘는 생명을 갖는다. 그러므로 나의 삶과 죽음은 결코 개인적 차원의 의미만을 갖지 않는다. 죽음은 나의 삶에 대한 책임을 넘

어 인류에 대한 책임을 포괄한다.

조성만은 그의 죽음이 다른 사람들이 사람답게 살아가는 데 이바지하리라 믿고 기대했을 것이다. 그는 죽음의 얼굴을 보면서 선한 싸움의 동지요 길임을 알아보았을 것이다. 결코 비굴하지 않게, 오히려 온전한 생명을 찾을 수 있는 삶의 길을 찾았을 것이다. 사람들은 자신이 품은 가치기 죽음을 넘어선다고 믿을 때, 죽음을 수락할 수 있는 용기가 생긴다. 조성만은 그 가치를 위해 죽음을 삶의 일부로서, 투쟁의 일부로서 받아들였을 것이다. "인간도 역시 죽음을 극복함으로써 타인을 위한 똥이 되어야 하겠지요. 예수의 부활과 연결시켜 볼 때 죽음의 과정을 반복하는 것. 그것은 새로움의 연결 속에서 영원함이 주어지는 것이오. 참 부활이라는 의미가 될 수 있겠지요."[20] 조성만의 죽음관을 엿볼 수 있는 문장이다. 정확히 말하면, 다른 사람들에게 헌신하는 삶을 살려는 그의 인생관이다.

2) 조성만의 이타적 자살은 사회적 죄를 극복하려는 의지

프랑스 사회학자 뒤르켐(E. Durkheim, 1858~1917)의 정의에 따르면, 자살은 "희생자 자신이 일어나게 될 결과를 알고 행하는 적극적 혹은 소극적 행위에서 비롯되는 직접적 혹은 간접적 결과로 일어나는 모든 죽음"[21]이다. 자살은 분명한 자살 의도가 개입된, 내지는 자신의 행위의 결과가 죽음을 가져올 것이라는 점을 예측한 행위이다. 자살에 고귀한 동기를 부여하는 이들도 있었다. 이들은 자살을 인간으로서의 품위와 위엄, 아름다움을 보존하기 위한 자유행위로 간주했다. 자신의

---

20) 송기역, 앞의 책, 230~231쪽.
21) 에밀 뒤르켐, 김충선 옮김, 『자살론』, 서울: 청하, 1994, 145쪽.

인간적 고귀함을 잃지 않기 위해 죽음을 선택하는 이들은 '인간은 언제나 자신의 삶과 죽음의 주인'이라는 '호모 수이 콤포스'(Homo Sui Compos)라는 관념을 가진다. 이런 견해에 동의하는 사람들의 주장은 다음과 같다. 자살하지 않으면 안 되는 분위기를 조성하는 것은, 자살을 경멸하고 금지하는 것만큼 인간을 모독하는 짓이다. 개인을 자살이라는 막다른 골목으로 몰아넣는 사회는 개인에게 자살할 자유를 허용하지 않는 사회와 마찬가지로 인간의 존엄성을 빼앗는다. 둘 다 개인이 자신의 운명을 주체적으로 결정할 수 있는 권리를 유보하기 때문이다.

스스로 자신의 죽음을 결정하는 자살에도 종류가 있다. 뒤르켐은 이타적 자살, 이기적 자살, 아미노성 자살로 분류한다.[22] 그의 분류에 따르면, 조성만의 죽음은 한반도의 죄의 구조에 저항하며 그 죄를 극복하려는 이타적 자살이다. 그의 죽음은 사회적 죄를 폭로하고 있으며, 하느님의 뜻을 이루어야 한다는 종교적 도덕성과 긴밀하게 연결되어 있다. 성경에서 원죄는 창세기에 아담과 하와가 선과 악을 알게 하는 나무의 열매를 따먹는 행위를 통해 상징적으로 표현된다(창세기 3, 1-7). 죄의 본질은 '하느님의 명령을 어김'이라기보다 '하느님처럼 되기' 위함이다. 사람이 사람의 자리에 서지 않고 하느님의 위치로 올라서려는 야심을 상징한다. 이와 같은 죄는 바벨탑이야기에서도 표현된다. "자 성읍을 세우고 꼭대기가 하늘에 닿는 탑을 세워 이름을 날리자."(창세기 11, 4-7) 하느님처럼 된다는 것은 사람이 자신과 그 자신의 목적을 절대화한다는 뜻이다. 절대적인 자리, 곧 신의 자리는 개인의 욕망으로 대체된다. 사람이 사람으로서 실존하지 못하는 상황을 만든다. 지배하는 자는 신처럼 존재하고, 지배받는 자는 노예처럼 존재하게 된

---

22) 에밀 뒤르켐, 김충선 옮김, 위의 책, 216~217쪽, 229~238쪽.

다. 사람의 본성에서 이탈한 상태는 죽음이다. "한 사람을 통하여 죄가 세상에 들어왔고 죄를 통하여 죽음이 들어왔듯이, 또한 이렇게 모두 죄를 지었으므로 모든 사람에게 죽음이 미치게 되었습니다."(로마서 5,12) 생물학적 죽음은 의학적으로 '의식의 정지'라고 규정되지만, 종교 철학적 의미에서 죽음은 넓은 의미로 사람이 자신의 본성과 단절된 상태를 밀한다. 시람의 현존이 자신의 본질로부터 멀어져 있는 상태를 생의 철학(Lebensphilosophie)자 막스 쉘러(M. Scheller)는 "자아(Ich)와 자신(Selbst) 사이의 긴장상태"라고 표현했다. 폴 틸리히(P. Johannes Tillich)는 '소외'라고 이해했으며, 플레스너(Plesner)는 "인간본성의 실제적 단절", "자기 자신과의 분열"이라고 명명했다.[23] 죄의 결과인 죽음은 자기 자신과의 관계단절만을 말하지 않는다. 그것은 하느님과의 관계, 타인과의 관계, 환경과의 관계들도 단절시킨다. 이 단절된 관계를 하느님 보시기에 좋은 관계로 회복하는 것이 구원이다. 회복된 관계들 안에서 모든 것은 자신의 본질을 회복한다. 죄의 결과인 죽음이 보편적이듯이, 구원 역시 보편적인 것이다. "한 사람의 범죄로 모든 사람이 유죄판결을 받았듯이, 한 사람의 의로운 행위로 모든 사람이 의롭게 되어 생명을 받습니다."(로마 5,18). 구원은 하느님이 죽음으로부터 인간을 해방시켜 영원한 생명으로 인도한다는 종교적 의미다. 사람이 사람다울 수 있는 곳에서 하느님은 하느님으로서 존재한다. 달리 말해, 하느님은 사람이 사람으로 존재할 수 있게 하는 객관적 조건이 된다. 따라서 하느님에게 복종한다는 것은 '자유'의 반대말이 아니다. 조성만은 한용운의 '복종'이라는 시를 좋아했다. 그는 하느님에게 복종한다는 의미를 정확히 알고 있었다. 자신이 신앙하는 대상에 대한 복종은 고

---

23) 볼파르트 파넨베르크, 박일영 옮김, 앞의 책, 92~93쪽.

난받는 나라와 민중에 대한 자발적 복종이며, 한편으로 그것은 불의에 대한 저항이다.[24) 하느님에게 복종한다는 것은 사람이 사람다움을 찾을 수 있는 길이며, 사람의 자유를 올바로 사용할 수 있는 길이다. 베네딕토 16세는 "구원을 사회적 실재"로 보아야 한다고 지적했다. "히브리서는 "도성"에 관하여 말하고 있는데, 이는 공동체적 구원에 관한 이야기입니다. … 교부들은 죄를 인류 일치의 파괴, 곧 붕괴와 분열이라고 보았습니다. … 구원은 … 일치 안에 우리가 다시 모이는 일치의 재건입니다"[25) 조성만은 이 척박한 땅 한반도에 구원을 이루는 일에 동참하고자 했다. 그래서 분단된 이 나라에서 고통받는 민중들과 함께해야 하는 것이 자신의 사명이라 여겼고 그 사명을 자신의 십자가라 여겼다. 그의 죽음은 하느님과 이 땅의 민중들에 대한 뜨거운 사랑의 표현이었다. "사랑 때문이다. 내가 현재 존재하는 가장 큰 밑받침은 인간을 사랑하려는 못난 인간의 한 가닥 희망 때문이다. 이 땅의 민중이 해방되고 이 땅의 허리가 이어지고 이 땅에 사람이 사는 세상이 되게 하기 위한 알량한 희망, 사랑 때문이다. 나는 우리를 사랑할 수밖에 없고 우리는 우리를 사랑할 수밖에 없다."[26)

일치를 위해 필요한, 하느님께서 원하시는 뜨거운 사랑이다. "나는 네가 한 일을 잘 알고 있다. 너는 차지도 않고 뜨겁지도 않다. 차라리 네가 차든지, 아니면 뜨겁든지 하다면 얼마나 좋겠느냐!" (요한 묵시록 3,15) 뜨거운 사랑은 죄로부터 해방시키는 용기 있는 실천을 가능하게 한다. 전쟁, 분단, 경쟁, 물신숭배, 탐욕, 권력, 갑질, 소외, 절망, 차별 등에서 벗어나 사람이 사람다울 수 있는 세상, 단절된 관계들을 회복

---

24) 송기역, 앞의 책, 209쪽.
25) 베네딕토 16세, 『희망으로 구원된 우리』, 14항.
26) 송기역, 앞의 책, 297쪽.

시키는 구원사업에 대한 참여를 가능하게 한다.

4. 조성만의 평화영성이 던지는 한반도의 과제

조성만이 떠난 지 30년이 되는 오늘 2018년 한반도의 상황은 많이 변해가고 있다. 2016년 촛불혁명은 평화를 향한 진일보한 상황을 마련했다. 눈에 띠는 변화는 시민들이 국회를 통해 자신의 뜻이 관철되는 간접민주주의에 더 이상 만족하지 않는다는 점이다. 정치에 대한 통제권이 점차 시민의 손으로 들어가면서, 국민주권이 제자리를 찾아가는 정상적인 '직접민주주의'를 열어가고 있다. 공교롭게도 북한이 '정상국가'의 모습을 찾아가려는 행보를 보인다. 국민이 직접 정치에 참여하는 실질적 민주주의와 북한의 '정상국가' 행보가 오묘하게 짝을 이루어 한반도의 통합적 평화, 곧 국제적 국내적 개인적 평화의 과제가 하나로 종합되었다. 종전을 넘어 평화협정을 기대하는 상황은 남북한이 '정상국가'로 가는 하나의 길 위에 서있다. 냉전이라는 비정상성이 안보를 명분으로 만들어낸 모든 형태의 특권체제, 민주주의 결손, 정치권과 사법부의 과도한 특권, 약한 시민사회 등의 문제들은 점차 해결되어 갈 것이다. "종전은 북한뿐만 아니라 남한의 주민들이 주권자로서 존중받고 인간대접을 받고 살 수 있는 세상으로 나아가는 첫걸음이 될 것이다. 종전은 70여 년간의 한국전쟁만 끝내는 것이 아니라, 남북이 함께 '정상국가'로 가는 길이며, 일본을 포함한 동아시아 민중들이 정상국가의 '주권자'가 되는 길이다."[27]

---

27) 김동춘, 「종전, 정상국가의 주권자가 되는 길」, 『한겨레』 2018년 6월 20일 수요일 26면.

이 새로운 길목에서 조성만을 생각한다. 우리는 그와 함께 "평화"를 어떻게 만들어 가야하는가? 조성만의 평화관과 '시민주권에 기초한 만민법' 사상을 바탕으로, "평화"를 이루기 위한 과제를 두 가지 정도 제안하고자 한다. 첫째는 '평화권'을 기초로 하는 '평화원리'를 새롭게 구상해야 한다는 점이다. 국가안보가 최고의 가치로 한국 사회를 지배하는 동안 평화의 문제는 전적으로 정치적 영역에 머물렀고 시민들의 실정법상 권리가 될 수 없었다.[28] '시민주권'이 아니라 '국가주권'에 기초한 시대착오적 평화관이다. 이에 반해, '평화권'(the right to peace)은 평화와 인권을 결합하는 용어다. 국제사회에서 평화권에 대한 논의는 이미 30여 년 전부터 시작했다. 1984년 11월 12일 UN총회는 "평화에 대한 인류의 권리선언"(the Declaration on the rights of Peoples)을 채택하여 모든 인류가 평화의 권리를 가진다는 것을 밝혔고, 이를 각 국가의 기본 의무로 규정했다. 2003년에는 "평화권 촉진 결의"(Promotion of the right of Peoples to peace)를 통해 지구에 살고 있는 사람들에게 신성한 평화권이 있다는 것을 재확인했다. 2006년에 발족한 유엔 인권이사회는 2008년부터 2012년까지 6년 동안 평화권 촉진 결의를 채택했다. 한국 정부가 미국과 함께 계속 반대표를 던진 결의였다.[29]

한국은 2차 대전 이후 국제평화주의를 헌법에 수용한 나라 중의 하나다. 우리나라 헌법은 제4조에서 "대한민국은 통일을 지향하며, 자유민주적 기본질서에 입각한 평화적 통일정책을 수립하고 이를 추진한다."고 규정한다. 또 제5조 제1항에서는 "대한민국은 국제평화의 유지

---

[28] David P. forsyth, *Human Rights and Peace: International and National Demensions*, Lindoln and London: University of Nebraska, 1993, p.4; 이근관, 「국제적 인권으로서 평화권에 대한 고찰」, 『인권평론』 제1권, 2006, 199쪽.

[29] 김민수, 「헌법의 평화원리 실현에 관한 고찰」, 『통일과 평화』 8집 제1호, 2016.3, 한국평화연구학회, 16쪽; 이경주, 『평화권의 이해』, 서울: 사회평론, 2014, 5~6쪽.

에 노력하고 침략적 전쟁을 부인한다."고 명시되어 있다. 이 헌법 조항들은 평화적인 세계질서 형성에 적극 동참하겠다는 결의를 나타낸다. "밖으로는 항구적인 세계평화와 인류공영에 이바지함으로써…"라는 헌법 전문의 내용과 연결되어 대한민국이 세계시민의 위치에서 세계평화와 공생을 지향해야 하는 지구공동체의 구성원이라는 점을 명시한 것으로 해석된다.[30] 그러나 한국 역시 평화의 가치를 헌정질서로 삼거나 시민들의 실정법적 기본권으로 수용하지는 않는다. 헌법학자들 중에는 헌법의 평화원리에서 평화에 대한 기본권을 도출할 수 있다는 견해를 갖는 사람들도 있다. 헌법 37조 제1항은 "국민의 자유와 권리는 헌법에 열거되지 아니한 이유로 경시되지 아니한다"로 정하고 있다. 그런데 국제사회에서 평화권이 사람의 기본권으로 다양한 결의를 통해 인정되고 있으므로 보편적으로 보장되는 추세에 있는 권리로 여길 수 있다는 견해다.

평화의 권리는 '전쟁으로 인간의 존엄과 가치가 실현될 수 없는 것을 방지하는 권리'라고 이해되며, '제3세대 인권'(the third generation of human rights)으로 보기도 한다. 1977년 당시 유네스코 '인권과 평화' 세션의 회장이었던 카를 바삭(Karl Vasak)이 종래의 시민적 정치적 권리, 사회적 경제적 권리에 이어 '제3세대 인권'이라는 새로운 인권의 카테고리를 제시하고, 평화권을 말했다.[31] 국가의 경계를 초월하는 권리로 국제적 협의와 연대로 보장해야 한다는 의미를 갖는다. 만민법의 현대적 적용이라고 보아도 무방할 듯싶다. 평화의 권리는 평화적 생존권으로 이해되기도 하는데, 그것은 평화 상태를 향유할 수 있는 자유권으

---

30) 김민수, 위의 글, 10~11쪽.
31) 이경주, 앞의 글, 20쪽.

로 구체적으로는 전쟁을 부인하거나 회피할 수 있는 권리이다. 한국 헌법재판소는 이에 대해 "침략전쟁에 강제되지 않고, 평화적으로 생존할 수 있도록 국가에 요청할 수 있는 권리"로 정의한 바 있다.[32] 모든 전쟁이 침략전쟁으로, 평화적 생존권이 국가에 요청할 수 있는 권리로 매우 제한되어 있다. 최근 "양심적 병역거부"를 인정하려는 헌재의 노력은 평화적 생존권을 수용하려는 긍정적 움직임이다. 이는 첫걸음이다. 2003년 미국의 '해외 미군재배치계획'으로 미군기지의 재편에 따라 '평택으로 미군기지 이전협정'이 체결되었다. 평택 주민들은 이 조약이 주민들의 평화적 생존권을 침해한다고 주장하며 평택 미군기지 이전 위원소송을 제기했다. 헌법재판소는 2006년 2월 23일 '평택으로의 미군기지 이전협정이 미군기지 이전에 불과해 평화적 생존권을 침해하지 않는다'며 기각했다.[33] 전쟁 시 민간인 학살은 금지사항이다. 그러나 이 사항은 군사기지가 있는 지역의 주민들에 대해서는 적용되지 않는다. 전쟁에서 주요한 활동 중의 하나는 적국의 군사기지를 파괴시키는 일이기 때문이다. 이런 점에서 강정해군기지나 성주 사드고고도미사일 등 군사시설 건설은 명백한 '평화적 생존권' 침해라는 점을 헌재는 인정해야 할 것이다.

평화권 인정 추세에서 주목할 만한 일은 2000년 10월 만장일치로 채택된 유엔 안전보장이사회 결의안 1325호(UN SCR 1325), 일명 '여성의 평화안보관'이다. 이 결의안은 무력분쟁이 여성에게 미치는 불균형적이고 독특한 영향을 인정한 최초의 문건이다. 전쟁 시 성폭력이 적국의 민족정체성을 더럽히는 전쟁수단이었으며, 계획적이고 조직적으로

---

32) 김민수, 앞의 글, 14쪽.
33) 이경주, 앞의 글, 145~146쪽.

그리고 대규모로 자행되었음을 인정했다. 또한 분쟁 예방, 평화 유지, 분쟁 해결, 평화 구축과정에서 여성의 기여가 과소평가되었던 점을 인정하고 평화와 안보를 위한 여성의 동등하고 완전한 참여의 중요성을 강조한다. 여성은 평화안보에 참여함으로써 전쟁으로부터 겪을 수 있는 불의에 대해 적극적으로 방어할 수 있으며, 평화안보에 여성의 자문이 필요함을 강조했다. 이 결의안은 '국가 간 물리적 충돌'로 정의되는 전쟁에서 주된 전투원은 남성이며 여성은 남성으로부터 '보호'를 받는 존재에 불과하다는 인식, 그간 분쟁과 안보 문제에 대해 국가 중심적인 기존의 인식을 뒤바꾸었다.[34] 또한 '보편적 인권의 한 부분인 여성 인권'을 분쟁 해결, 평화 구축 과정에서 주요한 사안으로 다룸으로써, 평화를 개인과 집단의 동시적 기본권으로 명백하게 인정한 것이다.

평화를 이루기 위한 두 번째 과제로 제안하고 싶은 것은 '국방을 민주주의적으로 통제'해야 한다는 점이다. 이 제안은 군대와 민주주의의 관계에 대한 근본적 질문에 답을 구하는 것이다. 한국은 냉전체제에서, 그리고 두 번의 군사 쿠데타를 거치면서 막강한 군부 헤게모니가 형성되었다. 한반도는 군사대결의 장이 되었으나, 막강한 힘을 가진 국방의 영역은 민주적 통제로부터 벗어나 있다. 1980년 5월 광주에 투입된 군부세력, 정치개입, 개인 사찰 등 군사안보 권력의 득세로 군대의 역할은 확대되어 왔다. 국가안보는 국민의 정치적 기본권 행사를 억압하고 통제하면서, 국가권력의 비밀공간을 만들고 무소불위의 권한행사를 정당화 해왔다. 국가권력을 통제하는 헌법의 기능조차 무력화시켰다. 군대의 사명이 다기능적 안보기관으로 변모하면서, 이른바 '자유민주적 기본질서'를 보장하는 일까지 국가 안전보장이라고 이해

---

34) 강윤희, 「여성, 평화, 안보의 국제규범 형성과 확산: 유엔 안전보장이사회 결의안 1325호를 중심으로」, 『세계정치』 19권, 사회평론, 2013.10, 59~64쪽.

한다. 대내적 안전의 유지(경찰의 임무)와 대외적 안전의 유지(군대의 임무) 사이의 경계가 없다. 군대가 국가안보와 국내평화증진이라는 이중적 임무를 수행하게 되는 논리에서는 외부에서 침입하는 자만이 아니라, 난민 · 국제마피아 · 극우 · 극좌, 외국인, 테러리스트들도 국가를 위협하는 적이므로 대외적 안전문제로 다룰 수 있고 군도 투입할 수 있다.[35]

군부에 대한 통제의 개념은 두 가지가 있다. 하나는 '국방에 대한 민주주의적 통제'이며, 다른 하나는 '군에 대한 민주주의적 통제'다. 둘 다 군사안보 분야에 대한 민주주의적 통제를 지향한다. 그러나 전자의 개념은 군대와 인권문제, 군사조직에 대한 민주주의적, 법치주의적 통제와 함께 국방정책의 수립 · 결정 · 집행에 대한 통제에 대해 집중한다. 반면, 후자의 개념은 주로 군부세력이 중심이 되어 수립 · 결정 · 집행하는 국방정책에 대한 민주주의적 통제에 집중한다.[36] 국방 및 군사안보 권력을 통제할 수 있는 방안은 세 가지로 제안되고 있다. 하나는 의회가 군사행정을 통제하는 방안이다. 다른 하나는 민주적 법치국가에서 민주주의와 군대가 무관하다는 논리를 막기 위해 국방에 대한 헌법의 규범력을 강화시키는 방안이다. 그러나 무엇보다도 마지막 세 번째, 국방 권력을 통제 불가능의 영역에서 끌어낼 수 있는 것은 주권(국민 · 주민)의 평화운동과 전 세계 네트워크로 연결된 평화주의 세력의 반군사, 반전을 향한 시민 불복종 운동이다. 이것이야말로 국방에 대한 민주적 통제, 곧 국민주권이 통제하는 방안이다. 불복종 운동이나

---

[35] 이계수, 「국방에 대한 민주주의적 통제」, 『민주법학』 제32권, 민주주의법학연구회, 2006, 29~30쪽. 실례로 최근 미국 트럼프대통령은 난민을 '적'으로 규정하며 군사적 대응을 주장하고 있다.

[36] 이계수, 위의 글, 24쪽.

평화운동이 전제하는 인식이 있다. 우선, 인권은 전 세계적 보편적 규범이라는 점이다. 한국 주민들의 생존권을 침해하는 군사력 확장뿐 아니라, 전쟁참여에 대한 불복종 운동은 전개되어야 하며, 이런 불복종 운동이 법적으로 인정될 수 있는 법 개정도 필요하다. 다음으로 전제된 인식은 자본주의가 군사력 확장을 요구하는 체제라는 점이다. 미국 정부는 군사력의 확장이 새로운 기술의 개발과 새로운 수요의 창출에 기여한다는 사실을 과도하게 강조해왔다. 지구화 사회에서 국가들의 '안보'위기와 분쟁의 영향은 국지적일 수 없다. '전쟁자본주의경제'는 전쟁 위협을 계속 유지하면서 무기판매를 통해 이익 창출을 지속하려고 하는 세력들이 만들어낸 시스템이다. 미국의 군수산업 확장은 지구적 차원의 안보위기를 불러일으키며, 그 산업에 들여야 하는 천문학적 재원은 노동자, 농민, 빈민 등 하층계급의 삶을 더 어렵게 만든다. 군수산업은 평화를 위협할 뿐만 아니라 국민들에게 경제적 사회적인 희생을 주기 때문에 '전쟁 준비는 이중의 불의'[37]라는 요한 23세의 지적을 기억할 필요가 있다. 국민주권 평화운동은 국민이 권력의 주인으로서 '전쟁자본주의', 패권적 군사주의의 경제적·정치-사회적 토대들을 제거해 나가야 한다. 그래서 자신들의 삶을 스스로 평화적으로 설계하고 유지해나갈 수 있어야 한다. 그것은 자본의 요구에 맞는 인간형을 재생산해내는 병영국가체제를 극복하는 인간해방운동이다.[38]

간략하게 평화를 위한 두 가지 과제로 '평화권을 기초로 하는 평화관' 그리고 '국방에 대한 민주주의적 통제'를 제안했다. 이 제안들은 평화를 통합적 관점에서 바라보기를 요구한다. 앞으로 '평화권'에 대한

---

37) 요한 23세, 『지상의 평화』, 109항.
38) 이계수, 앞의 글, 33쪽.

개념은 더 구체화되어야 하며, 그 적용 범위에 대해서도 합의를 만들어 나가야 한다. 이는 정상국가에서 시민이 주권자가 되는 길 그리고 정치와 국방에 더 큰 통제 권한을 시민들이 가질 수 있는 길이어야 한다. 이에 참조할 수 있는 제안으로는 독일 가톨릭 주교회의가 제시한 세 가지 슬로건이다. "평화를 촉구하라!", "평화를 지켜라!", "평화를 희망하라!"이다. 평화촉구에 관련해서는 보편인권이 기본권으로 존중되어야 함을 강조한다. 생존권, 권리와 평화의 연결, 권리와 평등의 연결이 이루어져야 한다. 평화를 지키기 위해서는 국가 간 폭력행위와 억압에 저항하고 권리와 정의를 보호해야 한다. 평화를 희망하기 위해서는 폭력과 긴장을 완화시키는 정치─화해, 원조, 국가 간 정의 확대, 국가 간 연대 강화를 통한 문제해결을 해야 한다.[39] "평화는 연대의 열매(Opus solidaritatis pax)"[40]라는 표어에 어울릴 만한 서로 간의 신뢰와 도움을 쌓아나가는 일이다. 1988년 조성만이 온 삶으로 주장했던 "평화─통일"은 인권과 평화의 결합, 민주주의와 평화의 결합, 국민주권과 통일국가의 연결, 통일 헌법에서의 평화권에 대한 고민, 인간안보와 인간 평등, 경제적 균형 발전 등으로 그 개념의 범위를 폭넓게 확장하고 적용해야 할 것이다.

이 책의 논문들은 2018년 9월, 통일열사 조성만 30주기 추모 심포지엄 '조성만과 한반도 평화 만들기'에서 발표했던 논문들이다. 심포지엄에서는 시간상 '한반도의 통일과 평화 방안'에 논의를 국한했다. 우선 이대훈 교수(성공회대 평화학)는 "조성만과 평화 세우기"란 제목으로

---

[39] Die Deutschen Bischöfe, *Gerechtigkeit schafft Frieden*, Bonn: Deutsche Bischofskonferenz, 1983, pp.42~59.
[40] 요한 바오로 2세, 『사회적 관심』, 39항.

조성만의 평화론을 해석하고 그로부터 파생되는 의미를 구성한다. 곧, '평화 세우기'(Peacebuilding)의 개념을 소개하고 그 개념이 현재 한반도 정세 속에서 갖는 파생적 의미를 제시한다.

조영주 박사(한국여성정책연구원)는 "한반도 평화의 상상력과 젠더"라는 제목으로 우리가 상상해야 할 한반도의 평화가 무엇인지를 젠더 관점에서 논한다. 젠더(gender)는 사회질서를 조직하는 원리로서 한반도의 분단 상황을 유지, 재생산시키는 데 주요한 원리로 작동한다. 그런 점에서 한반도의 비평화, 분단에 젠더가 어떻게 동원되었는지, 젠더를 어떻게 재구성했는지를 살펴보고, 향후 한반도의 평화를 상상하고 실천하는데 어떤 관점을 가지고 어떤 논의들을 진행해야 하는지를 탐색할 것이다. 또한 이 글은 최근 한반도 평화에 대한 다층적 접근이 이루어지고 있으나 여전히 국제정치적 맥락과 군사적인 것을 중심으로 논의가 되고 있는 점에 문제를 제기하며 한반도의 평화를 만들기 과정에서 어떤 평화를 상상해야 하는지, 어떻게 평화를 실천해야 하는지 논의할 것이다.

경동현 박사(우리신학연구소 연구실장)는 조성만의 '삶과 죽음'을 신앙의 관점에서 새롭게 조명한다. 모든 '자살'을 자기 살해의 죄로 규정하는 교회의 경직된 교리 해석을 살핀다. 자살 반대 교리가 탄생한 역사적 맥락을 살피면서, 교회가 자살에 대한 성찰적 해석을 하기보다 교리적 권위를 부여한다는 점을 설명한다. 이어 일선 사목 현장에서 경직된 방식으로 적용되는 사례를 지적한다. 이런 교회의 성향을 비판하면서, 프란치스코 교황의 자의교서 〈이보다 더 큰 사랑〉(2017)에 근거하여 조성만의 죽음에 대한 재해석을 시도한다. 프란치스코 교황은 기존의 시복시성의 요건인 순교와 영웅적 덕행에 더해 '목숨을 내놓는 것'을 추가한다. 이에 평화의 일꾼 조성만의 삶을 기억하는 추모 사업이 한국교회의 기존 순교자 현양사업과 시복시성 운동에 새로운 기운을 불어넣을 가능성을 제시한다.

이원영 박사(서울대 한국정치연구소 연구원)는 "미중 패권 경쟁과 북미 관계"라는 제목으로 미중 패권 경쟁의 격화와 동시에 북미 관계가 개선되는 상태에 주목한다. 이 상황은 남한과 북한이 각각 한미 관계와 북중 관계를 유지하면서 남북 관계 및 북미 관계를 개선해야 하는 어려운 문제다. 미중 패권 경쟁은 남북 정상회담과 북미 정상회담을 통해 합의했던 한반도 평화체제를 형성하는 데 중요한 변수가 될 것이다. 이 논문은 미중 패권 경쟁이 북미 관계 개선을 포함하여 한반도 평화에 끼치는 영향을 분석하고, 한반도 평화체제로 나아가기 위해 무엇을 해야 할 것인지 모색한다. 본 연구는 미중 패권 경쟁을 '단극정치이론'(Theory of Unipolar Politics)의 관점에 따라 분석한다. 이 분석에 따라 이원영 박사는 미중 패권 경쟁은 오히려 한반도 평화에 새로운 기회로 작용할 수 있다는 점에 주목한다. 그리고 우리의 과제를 한미 동맹과 한중 동반자 관계 그리고 남북 관계를 각각 강화하여 한반도 평화체제를 구축하는 것이라 제시한다.

■ 참고문헌

강윤희, 「여성, 평화, 안보의 국제규범 형성과 확산: 유엔 안전보장이사회 결의안 1325호를 중심으로」, 『세계정치』 19권, 사회평론, 2013.10.

김동춘, 「종전, 정상국가의 주권자가 되는 길」, 『한겨레』 2018년 6월 20일 수요일 26면.

김민수, 「헌법의 평화원리 실현에 관한 고찰」, 『통일과 평화』 8집 제1호, 한국평화연구학회, 2016.

바오로 6세, 『민족들의 발전』, 서울: 한국천주교중앙협의회, 2010.2.

베네딕토 16세, 『희망으로 구원된 우리』, 서울: 한국천주교중앙협의회, 2009.

볼파르트 파넨베르크, 박일영 옮김, 『인간학』 I, 왜관: 분도, 1996.

서경석, 「헌법상 평화주의와 그 실천적 의미」, 『민주법학』 제25권, 민주주의법학
　　　연구회, 2004.

송기역, 『요셉 조성만 평전. 사랑 때문이다』, 서울: 오마이북, 2011.

심현주, 「가톨릭 전통에서의 만민법사상: 그 사상의 발전과 현대적 실행방안에
　　　관한 연구」, 『가톨릭철학』 제21호, 한국가톨릭철학회, 2013.

심현주, 「한국사회의 자살: 윤리적 문제」, 『생명연구』 11집, 서강대학교 생명문
　　　화연구소, 2009.2.

에밀 뒤르켐, 김충선 옮김, 『자살론』, 서울: 청하, 1994.

오세혁, 「비토리아와 수아레즈의 만민법 사상」, 『법학논문집』 제34집 제2호, 중
　　　앙대학교 법학연구소, 2010.

요한 23세, 『지상의 평화』, 서울: 한국천주교중앙협의회, 2010.2.

요한 바오로 2세, 『사회적 관심』, 서울: 한국천주교중앙협의회, 1988.

이경주, 『평화권의 이해』, 서울: 사회평론, 2014.

이계수, 「국방에 대한 민주주의적 통제」, 『민주법학』 제32권, 민주주의법학연구
　　　회, 2006.

이근관, 「국제적 인권으로서 평화권에 관한 고찰」, 『인권평론』 제1권, 2006.

임마누엘 칸트, 이한구 옮김, 『영구평화론』, 파주: 서광사, 2010^2.

제2차 바티칸 공의회, 「사목헌장」, 『제2차 바티칸 공의회 문헌』, 한국천주교주교
　　　회의, 1965.

조희연, 『한국의 민주주의와 사회운동』, 서울: 당대, 1998.

존 롤스, 장동진·김만권·김기호 옮김, 『만민법』, 서울: 아카넷, 2009.

칼 라너, 이봉우 옮김, 『그리스도교 신앙 입문』, 왜관: 분도, 1994.

한국천주교중앙협의회, 『미디어 종사자를 위한 천주교 용어 자료집』, 2011.

W.후버·H.R 로이터, 김윤옥·손규태 옮김, 『평화윤리』, 서울: 대한한기독교서
　　　회, 1997.

Deckers, Daniel, *Gerechtigkeit und Recht. Eine historisch-kritische Untersuchung der*

Gerechtigkeitslehre des Francisco de Votiria, Freiburg: Herder, 1991.

Die Deutschen Bischöfe, *Gerechtigkeit schafft Frieden*, Bonn: Deutsche Bischofskonferenz, 1983.

Furger, Franz, *Politik oder Moral*, Stuttgart · Düsseldorf: Benzinger, 1994.

Forsyth, P. David, *Human Rights and Peace: International and National Demensions*, Lindoln and London: University of Nebraska, 1993.

Scott, J. Brown, *The Spanish Origin of International Law; Francisco de Vitoria and his law of Nations*, Oxford: Carendon Press, 1934.

Scott, J. Brown(ed.), *The Classics of International Law: Selections From Three Works of Lectures Francisco Suárez, S.J.*, New York: William S. Hein & Co., Inc., 1995.

Soder, Josef, *Francisco Suárez und das Völkerrecht. Grundgedanken zu Staat, Recht und internationalen Beziehungen*, Frankfurt a. M.: Alfred Metzner, 1973.

조성만과 평화세우기

이 대 훈

(사)피스모모, 성공회대학교

조성만과 평화세우기

1. 글의 취지

저는 이 글에서 조성만의 사상을 평화세우기의 관점에서 나름대로 읽어내고 현 시기에 의미있는 시사점을 찾고자 합니다. 이러한 시도가 조성만의 삶과 고뇌를 기억하는데 작은 기여가 되었으면 합니다.

조성만의 기록에 바탕을 두고 그리고 하나하나 명료하지 않지만 오래 전 그와의 만남과 대화[1]가 남긴 종합적이고 이미지화된 기억을 참고하면서 조성만의 평화관, 정의관, 국제관계관을 읽어보고자 합니다. 그 다음에 이를 일반적인 평화론으로, 나아가 평화세우기(peacebuilding)의 관점에서 해석해 보려고 합니다. 그렇게 하면서 현재 그를 '기억하는 시민'들이 한반도-동북아에서 평화세우기의 역할과 과제에 대해 더 깊게 성찰할 수 있는 계기를 찾을 수 있는지 알아보려고 합니다.

이 글에서 일반적인 평화론을 사용하기도 하겠지만 핵심적으로는 평화세우기 관점을 통해서 조성만을 이해하려고 합니다. 그 이유는,

---

[1] 저도 가톨릭민속연구회(가민연)와 가톨릭문화운동협의회(가문협)에 처음부터 참여했습니다.

보통 평화라는 말-개념이 '평화롭다', '평화로운 세상', '평화주의자'처럼 주로 가치나 상태 또는 지향을 지칭하는 용법으로 사용되는 데 비해, 평화세우기는 분명하게 과정에 강조점을 두는 말-개념이자 동시에 세우기를 누가 어떻게 할 것인가의 질문이 도출되기 때문에 행위자와 방법, 경로, 작용을 생각하게 하는 장점이 있기 때문입니다.

2. 평화론 소개

로마 제국 이래 세계 여러 나라의 군부 또는 군사주의자들이 가장 좋아하는 격언에 "평화를 원하거든 전쟁을 준비하라"가 있습니다. 또 과거 제국주의 각축기에 전쟁학자들은 "전쟁은 정치의 수단이다, 권력은 총구에서 나온다"는 교리를 믿었습니다. 우파도 그랬고 좌파도 그랬고 많은 민족주의자들과 민주주의자들도 그랬습니다. 물론 현대에도 이 이념은 지속됩니다. 한때 한국 국정원은 "평화로울 때가 가장 위험할 때"라는 포스터를 거의 모든 교통수단 내부에 5년 넘게 붙인 적이 있습니다. 거의 누구도 이에 대한 비판이나 포스터 떼어버리기를 상상할 수 없었습니다. 이러한 평화론이 오랫동안 군림해 왔습니다, 마치 유일한 진실인 것처럼.

20세기 평화론(평화학)은 이러한 '상식화된 이념'에 대한 저항으로 출발했습니다. 이러한 지적 저항은 평화론을 평화의 철학, 전쟁론 비판, 평화운동사, 인권론, 민주주의론, 시민사회론, 국제기구론, 국제협력, 국제법, 국제관계론에서의 패러다임 투쟁, 안보론 비판, 갈등분석, 분쟁조정론 등으로 계속 확장되고 있습니다. 그중에서 현대 평화론에서 가장 자주 다루는 주제를 고른다면, (1) 평화의 개념과 의미, (2) 전쟁의 정당화 비판(군축 등), (3) 평화운동, (4) 현대전쟁과 핵전략 비판, (5) 소극적 평화론과 적극적 평화론, (6) 국제관계속의 평화문제, (7) 여성주의와 평화론, (8) 평화와 민주주의, 사회변동, (9) 생태주의 평화론, (10) 분쟁조정론으로 요약할 수 있습니다. 평화를 다르게 생각하는 일은 평화의 구성을 새롭게 생각한다는 것이고, 그 목적은 전통적 '힘의 평화론'에 대한 저항이자 대체입니다.

서구에서 종종 평화학의 창시자로 불리는 노르웨이의 요한 갈퉁은 평화개념을 소극적 평화(negative peace)와 적극적 평화(positive peace)로 구분하였고 폭력의 개념도 직접적 폭력(direct violence)과 구조적 폭력(structural violence)으로 구분하였습니다. 전쟁이나 폭력을 중단시키는데 관심을 가져서 주로 결과에만 처방을 가하는, 그래서 결과적으로 체제유지적인 평화를 소극적인 개념으로 규정하고, 문제를 발생시키는 '구조' 자체를 평화의 핵심 문제로 가져들어온 것은 평화론에 일대 변혁을 가져왔습니다. 이는 '전쟁의 부재'와 '전쟁발발의 방지'라는 부정적 개념의 '소극적 평화'를 중심으로 전쟁과 폭력을 제거하는 방법, 전쟁과 폭력이 발생하지 않는 조건에 대한 연구를 넘어서게 하는 것이었습니다. 동시에 고전적인 국가중심적 국제관계론에 대한 전면 도전을 의미하는 것이기도 했습니다. 냉전 이후 동맹 간의 경쟁체제가 주요 연구대상이 되던 시기가 종료되고 동시에 민족, 지역, 문화, 종교적 갈등이 급격히 심화, 확산되는 현실에 직면하여, 평화론은 여러 층위에서 대립과 갈등의 구조적 역사적 요인을 제거하는 적극적 평화로 초점을 옮기게 되었습니다. 즉 평화 유지를 넘어서서 평화세우기로 초점이 옮겨 간 것입니다.

세계적으로는 70년대 이후 여성주의가 평화론에 결정적인 영향을 미칩니다. 제 나름대로 최소한으로 요약하자면 "평화를 원하거든 전쟁을 준비하라"는 격언이 상징하는 것을 오래된 체제로 인식하면서, 그 체제를 '전쟁과 국가와 남성의 삼위일체'로 규정하기 시작한 것입니다. 이 세 가지 지배의 힘이 체제를 유지하고 그렇기에 그 체제가 폭력적인 성격을 가집니다. 그리고 가장 깊은 수준에서의 폭력은 이 인위적 권력 체제를 '자연스러운 질서'로 인식하게 만드는 체제와 문화의 작용입니다. 선생-국가-남성의 체제는 '그렇지 아닌 듯한' 착각을 필요로 하고 이것이 체제의 폭력을 '아닌 것처럼' 인식하게 만듭니다. 그 작용은 사회적입니다. 거의 전 사회적으로 전쟁-국가-남성의 연관성이 없는 것처럼 말하고 생각하고 행동하도록 만드는 영향력이 작용합니다. 즉 거의 누구나 영향을 받습니다.

예를 들어 와카쿠와 미도리의『전쟁과 젠더』(오츠키 쇼텐, 2005)는 젠더 관점에서 전쟁을 전면적으로 다룹니다. 인간은 왜 싸우는가, 전쟁 없는 시대, '남자다움'과 전쟁 시스템, 전쟁을 일으키는 것은 국가, 여성 차별과 전쟁, 페미니즘과 평화운동, 새로운 평화개념의 창출을 주요 주제로 다룹니다. "모든 평화운동은 가부장제와 군사주의를 넘어서기 위해 젠더의 평등성과 비폭력의 원칙을 받아들이고 실천해야 한다. '인간의 안전보장'을 위해 우리의 사고방식과 운동의 방법을 바꾸어감으로써 군비 증강에 의한 안전보장 체제와 그것을 조작하는 가부장제를 바꾸어낼 원동력을 얻을 수 있을 것이다." 이렇게 저자는 말합니다.

이렇듯 현대 평화론에 미친 젠더 연구의 영향은, 젠더관계를 통해 만들어지는 일상적 폭력 및 폭력 구조의 이해, 전쟁의 폭력과 평화시기의 폭력에 대한 연관성, 연속성에 대한 이해, 전통적 평화문제 인식에서 젠더가 배제되는 과정, 여성이 경험하는 일상과 '평화'시의 폭력에 대한 이해, 전쟁이 가져오는 젠더차별적인 피해에 대한 이해, 안보 체제의 젠더적 성격 이해, 젠더 관점의 평화 및 평화운동이라는 새로운 영역들을 만들어 냈습니다. 이는 심층적 비판이고 저항인데, 그래서 '힘의 정치'를 숭앙하거나 유일의 진리로 받아들이는 학자나 지도자들은 평화의 젠더관점을 수용하지 않습니다.

로마 제국의 오래된 격언은 국제관계에서의 강력한 주술, 즉 현실주의적 세계관이 표현된 것이며 '전쟁－국가－남성의 총체성'은 현실주의에 대항하기 위한 여성주의－평화주의 프로젝트를 반영하는 것입니다. 지금까지 국가(국제)와 평화를 연결시키는 가장 주류인 패러다임은 현실주의라 할 것입니다. 현실주의는 국가, 안보, 힘의 정치라는 문법으로 평화를 설명하려고 한다. 중세 유럽에서 성직자들이 '교회 밖에는 구원이 없다'고 했다면 현대판 성직자들인 안보전문가들은 '국가 밖에 안보는 없다'고 합니다. 이런 면에서 현실주의는 유럽의 세계제패와 Pax Christi-Americana[(기독교)팍스아메리카: (기독교)미국체제]를 정당화하는 사유구조를 갖습니다. 여기서 국가안보라는 것은 국가－남성－전쟁이라는 삼위일체에서 일종의 구원의 계시와 같은 역할을 한다고 볼 수 있을 것입니다.

그렇다면 조금 체계적인 평화의 관점에서 어떤 사상을 읽어보고자 한다면, 그 사상 속에서 전쟁에 대한 비판, 평화 실천에 대한 관심, 사람의 기본권에 대한 관심, 민주의 역할, 국제관계론, 안보론 비판, 갈등에 대한 인식, 미래 사회, 지배질서의 젠더 권력 등의 렌즈가 필요할 것으로 보입니다.

3. 평화세우기의 관점

평화론의 확장은, 평화의 문제를 매우 구체적이면서 상호연관된 문제로 인식하는 체계적이면서 과정적인 것으로 이해하는 방향으로 커다란 운동이 진행되고 있다는 것을 시사합니다. 인식의 운동이자 사상의 운동이자 동시에 실천의 운동입니다. 또, 평화를 개개인의 가치나 마음의 문제인 것처럼 축소시켜서 '평화'가 현실 세계에는 적용되지 않는 것이라고 믿도록 만들어온 오래된 체제에 대한 깊은 저항의 의미도 담고 있습니다.

평화세우기는 위에서 언급한 평화학자 요한 갈퉁이 처음 제안했고 이를 부트로스 부트로스갈리 6대 유엔 사무총장이 1992년 「평화의 의제(Agenda for Peace)」라는 특별한 보고서에서 중요한 개념으로 사용하면서 점차 통용되기 시작했습니다. 여기서 평화세우기라는 개념은, 평화라는 지향보다 훨씬 폭넓게, 폭력과 갈등을 예방하고 발생할 경우 중단시키고 그 이후 재발을 불가능하게 하는 사회시스템을 설계하는 것까지 포함하는, 이와 관련된 모든 행동을 연속적이고 과정적인 것으로 구상하는 행위를 지칭하게 되었습니다. 그런 면에서 평화세우기는 과정의 중반기부터 사회/체제 변혁적 성격을 갖는 실천이 됩니다.

1992년 "평화의 의제"라는 보고서에서, 부트로스갈리 사무총장은 평화세우기를 우선, "갈등으로 회귀하지 않도록 평화를 강화하고 정착시키는데 기여하는 구조들을 확인하여 지원하는 행동"이라고 규정하였습니다. 이후 이 보고서에 대한 후속 논의와 후속 보고서를 통해서 평화세우기는 이렇게 개념화되었습니다.

"갈등의 개시 또는 갈등으로의 회귀 위험을 줄이기 위한 목적의 일련의 조치들로서, 해당 국가의 모든 수준에서의 갈등관리 역량 강화와 지속가능한 평화와 지속가능한 발전의 토대 형성이 중심이다. 평화세우기 전략은, 해당 국가가 정책 주도성을 갖도록 하면서, 일관성 있게 해당 국가의 구체적인 니즈에 맞춰져야 한다. 또한 평화세우기 전략은 이러한 목적을 달성하기 위하여 신중하게 설정된 우선순위와 실행 순서에 따라 집중된 조치들로 구성되어야 한다. (2007년, 유엔 사무총장 정책위원회 보고서)

평화세우기라는 생각이 제기된 것은 종합적 사회변화가 가장 평화적인 실천이라는 점을 제시하기 위한 것입니다. 평화세우기를 통해 추구하는 종합적 사회변화를 다음과 같은 4가지 영역에서의 사회변화가 동시에 진행되는 것으로 이해됩니다.

1. 갈등의 근본 원인과 추동 요인에 대응한다. (예: 사회 구성 집단 간의 불평등)
2. 갈등을 관리하고 서비스를 제공하는 제도 구축과 개인 및 집단의 역량 강화 (예: 정치, 안보, 사법, 사회복지 행정 분야 등)
3. 사회적 통합성을 증진하고 사회 집단 간의 신뢰를 구축한다. (예: 화해 과정)
4. 정부에 대한 신뢰(국가-사회 관계)와 정당성을 세운다. (예: 사회적 대화)

평화세우기의 관점은, 평화협정을 체결하는 것처럼 폭력을 사용하지 않기로 또 싸우지 않기로 약속한다고 평화가 자동적으로 도래하지 않는다는 인식을 거의 핵심 신조처럼 강조합니다. 평화세우기는 근본적으로 체제변혁적 과정이기 때문에, 화해와 신뢰구축 및 치유의 단계를 거치면서도 생태를 포함한 체제의 지속가능성, 사회 정의, 인권 보장, 시민사회 강화, 평화지향적 언론, 사회적 약자들의 권력형성(empowerment)을 분명한 과정의 목표로 설정합니다. 과정의 목표가 구체적으로 단계적으로 명료하게 되면 각 과정을 수행할 행위자가 그 만큼 강조될 수밖에 없습니다. 가치와 마음의 문제로서의 평화는 '착한 사람'에 강조를 두지만, 평화세우기로서의 평화는 다양한 많은 행위자와 각 행위자의 역량형성에 강조를 두게 됩니다.

평화세우기를 지향하는 평화실천가들과 국제평화기구 등에서는 평화세우기의 핵심역량을 대략 다음 다섯 가지로 보고 있습니다.[2] 지속적 평화와 발전의 기반 만들기, 다면적 갈등관리 역량, 해당 나라와 사람들의 주도, 일관성 있는 전략(대화, 민간 평화기구, 문제해결 워크숍, 차별예방, 갈등후유증 대응), 이를 통한 항구적인 갈등 재발 방지 시스템의 변화. 또 이 과정에서 특히 청년과 여성들이 평화와 안보 모든 영역과 결정 과정에 참여, 그 과정에서 주도성-지도력-책임성의 수행, 관련된 지식-태도-역량 습득, 다양성과 소수자 존중, 폭력 민감성, 대화-협력-파트너십을 수행하는 역할을 부여받고 있습니다.

그렇다면 평화세우기의 어떤 사상을 읽어보고자 한다면, 그 사상 속에서 체제변혁적 과정으로서의 평화, 지속적 평화와 발전에 대한 생각, 갈등관리와 그 역량에 대한 생각, 당사자들의 주도성, 일관성 있는 전략, 청년과 여성 및 소수자들의 역할에 대한 인식, 대화의 역량 등이 의미있는 렌즈가 될 것입니다.

4. 조성만과 평화세우기

제한된 기록이기는 하지만, 조성만의 삶의 궤적은 무엇보다도 "평화를 원하거든 전쟁을 준비하라"는 명제와 양립 불가능합니다. 두 세계

---

[2] 예로서, 독일 베르그호프재단(Berghof Foundation), 유엔평화세우기기금 http://www.unpbf. org/application-guidelines/what-is-peacebuilding/, 한국 (사)피스모모.

는 대척점에 서 있습니다. 조성만은 평화를 원하는 의지로 고뇌의 결단과 메시지를 선택했습니다. 이 선택을 지속되는 제국 체제에 대입하면 우리는 이러한 조성만의 삶과 생각의 어느 한 조각도 팍스로마나–팍스브리타니카–팍스아메리카나의 팍스(Pax)의 부속이 될 수 없다는 것을 알아차릴 수 있습니다. 저는 팍스 로마나의 팍스를 평화로 번역하는 데 반대합니다. 이 팍스는 로마제국적 평화이고 그 후예인 크리스챤 제국주의의 세계지배이고, 현대의 미국 패권체제의 질서이기 때문입니다. "평화를 원하거든 전쟁을 준비하라"는 평화론은 정확하게 팍스로마나의 평화이므로, 이때 팍스(Pax)는 평화(Peace)가 아니라 제국적 질서 협약(Pact)으로 번역되고 이해되어야 합니다. 어떤 사람들은 로마제국의 팍스로마나와 가톨릭교회의 팍스로마나가 다르다고 강조할 수도 있지만, 팍스아메리카나에도 바로 두 얼굴이 동시에 있다는 것을 알게 되면 둘은 같은 팍스의 전통에 서있다고 보아야 할 것입니다.

그러므로 조성만은 로마 제국과 그 후예들의 세계인 팍스의 종말을 상징하며 그 예언이기도 하고, 다른 세계의 가능성 모델이기도 합니다. 평화의 올림픽을 통해서 체제 경쟁과 내부 억압을 강화하는 권력 정치, 한미 관계의 권력 정치, 80년대에 핵심 고뇌였던 광주학살과 항쟁의 억압을 관통하는 패권국가의 문제, 저는 이것이 조성만과 우리에게 주어진 팍스였으며, 조성만은 이 국제질서에 완전히 다른 방식과 문화로 도전을 가했습니다. 국제관계에 논평하기를 좋아하는 사람들의 언어로 말하자면, 조성만은 현실주의 세계관(힘을 통한 질서관)의 대척점에 서 있습니다, 여전히.

그를 아는 사람들은, 지인들에게 진지한 대화와 잔잔한 생각을 나누는 친구, 작은 일도 눈여겨보고 섬세하게 배려하는 사람으로 기억합니다. 그는 특히 깊은 대화를 나눈 사람들을 좋아했고 또 타인에 대해 아파하는 사람들을 기억하고 사랑했습니다. 세상에 관해서는 평소에 유서와 기록에서 한반도를 "척박한 땅"[3]으로 인식했고 "한반도의 통일은 그 어느 누구에 의해서도 막아져서는 안"된다고 선언했습니다. 청산되지 못한 역사의 유산으로서 "조국의 분단"이 거의 항상 고뇌와 성찰의 중심을 차지한 것으로 보입니다. 이러한 역사적 국제적 조건들이 "삶을 뿌리 뽑힌 채 갈수록 비인간화되는" 민중의 상태에 직접 영향을 미친 것으로 이해했습니다.

저는 여기서 대화와 아픔을 기억하고 싶습니다. 합쳐서 아픔이 있는 대화, 아픔을 품는 대화, 아픔에 대응하는 대화라고 부르겠습니다. 거의 모든 평화론에서도 그렇고, 특히 평화세우기에서 강조하는 평화 역량에서는 이러한 대화 역량을 핵심으로 보고 있습니다. 아픔을 품는 대화는 다른 대화와 다릅니다. 깊이 들어가는 아픔의 대화에는 시대와 세계가 들어가 있습니다. 조성만의 삶에서 저는 대화 역량을 우선 기억하고자 합니다. 자신과 관계를 변화시키고 세계의 아픔이 내 속으로 들어오도록 하는 대화 역량, 지금 우리에게 주어진 분단을 넘어서 가야 하는 한반도－동북아 관계에서도 매우 중요한 시사점이 있다고 생각합니다.

그 대화 속에서 조성만은 우선 척박한 현실에 대해서 마음 아파하고 고뇌했습니다. 척박함을 숙명적인 것이나 힘의 권력관계로 조금도 인정하지 않았습니다. 대신 현실의 척박함을 민중의 삶에서 보이는 기본권의 박탈로 인식하고 있었습니다. 또 척박한 현실에 대한 안타까움은 전쟁과 전쟁하는 국제체제에 대한 비판에 기초해 있고, 전쟁과 지배를

---

3) 인용문 표기 조성만의 말은 모두 조성만 유서에서 가져옴.

숙명적으로 보는 것을 거부하고 구체적 행위자의 구체적 행위로 파악하고 있습니다. 체제에 대한 평화론은 이렇게 시작해야 할 것입니다. 가치와 마음 또는 태도의 문제가 아니라, 일방적으로 이익을 추구하는 체제와 국가의 문제, 기본권을 박탈당하는 삶의 문제, 미래를 박탈하는 문제로 인식하여, 지금 여기의 문제를 여기에 초점을 두면서 보는 동시에 국제적으로도 이해하는 일이 필요합니다. 지금 딛고 있는 땅에 서서 세계를 이해하고 그 폭력적 작용이 여기에 어떻게 미치고 있는지 이해하는 것이 체계적인 평화론, 체제를 변화시키는 평화세우기에 시사하는 점은 매우 큽니다.

국제적 역사적 조건 또는 원인으로 미국에 대한 조성만의 인식은 매우 명료해 보입니다. 그는 미국을 "인류를 자기 나라의 이익을 뽑아내는 장소로 여긴" 국가, 한반도에서 축출되어야 할 국가, 한국전쟁 시기 민간인 학살과 5·16 지원 및 1980년 광주학살에 책임이 있는 국가로 지칭했습니다. 해방 후 남한 상황을 미국의 "대리통치세력인 … 친미 사대주의자인 이승만, 독립군을 때려잡던 일본육군사관학교의 후예들, 이들의 반민족적 행동"의 결과로 이해했습니다. 그리고 조성만 당시의 군사정부도 이러한 역사의 지속으로 보았습니다. 그리고 그 미국의 '대리통치세력'인 군사정부는 사람들을 갈라놓고 민중의 삶을 핍박하게 만들고, 국가폭력을 은폐하고, '우리의 소원은 통일'을 노래하지 못하게 하고 서로에게 적대하게 만들었다고 말했습니다.

이는 분단에 대한 지금―여기의 인식이자 또 국제적인 인식입니다. 그리고 그 속에서 한국 정부라는 국가행위자를 국제체제의 일원으로 위치지웁니다. 깊게 들어가면 이는 미국 패권체제에서 평범한 하나의 국가가 가질 수 있는 위상의 문제, 평등한 국가주권의 원리의 진실성에 관한 문제가 되겠습니다. 국가의 주권은 국제관계론에서 매우 쟁

점이 되는 주제입니다. 심지어 패권 국가 외에 주권을 가져본 국가가 있는가라는 질문도 제기됩니다. 조성만의 생각은 이미 국제체제에 대한 이러한 깊은 질문을 담고 있었습니다. 그리고 조성만은 주권국가답지 않은 국가행위자들의 속성을 식민지 역사에서 뿌리를 찾고 있습니다. 또 그로 인해 이어지는 식민성의 핵심을 상호 적대로 인식하고 있습니다. 이 사유를 역으로 추적하면, 사람들 사이의 불필요한 상호적대라는 폭력을 인위적인, 권력적인 작용으로 이해했고, 이 권력 작용을 가능하게 하는 체제 효과를 식민지, 식민화된 세력, 국제 패권국가의 이익, 분단 체제의 효과로 인식합니다.

그 결과 이 시대에 어떤 사람들이 살고 있는가? 동시대 사람들 또는 행위자들에 대한 조성만의 인식은 이렇게 국제적으로는 패권적 미국, 한반도에서 식민지적 대리통치인들, 그리고 "서로 철전지 원수가 되어 … 같은 형제라는 낱말을 잊고" 사는 분단된 민족, 다시 동질성을 회복해야 할 민족으로 이해했습니다. 여기까지 보면 조성만은 국제적 시스템을 변화시킬 주요 행위자로서 통일된 민족, 하나된 민족을 중심에 두고 말하고 생각한 것처럼 보입니다. 그 시대에 그렇게 생각했던 것 자체에 큰 성찰이 담겨 있습니다. 그러나 조성만의 변화 행위자는 민족에 그치지 않았다는 점도 예상해야 합니다. 조성만에게는 역사적 세대론이 있었습니다. 아픔과 억압에 관한 깊은 성찰은 행위자론을 단순하게 만들기 힘들다고 생각합니다.

조성만의 기성세대에 대한 처절한 반항의 선언은 결코 세대적 선언이 아닙니다. 저는 평화세우기 프레임에서 청년, 여성, 소수자들이 결정권을 가진 주체로 나서는 것을 강조하는 것이, 평화세우기의 핵심을 간파할 수 있는 지점이라고 생각합니다. 패권 체제는 하위 국가를 분열시키고 식민성을 지속시키고 사람들을 인위적으로 상호적대 상호

폭력적으로 만듭니다. 이 적대적 이분법 체제(분단체제)에서 주권을 가장 전면적으로 박탈당하는 사람들이 청년, 여성, 소수자들입니다. 기본권 박탈의 문제를 넘어서서, 평화의 영역에서 가장 심각하게 주권을 박탈당하고 가장 비가시화되는 사람들의 존재가 바로 분단체제와 같은 폭력적 체제의 속성입니다. 조성만은 그 나름대로의 국제와 여기에 대해, 요즘 개념으로 글로컬한(glocal) 체제인식을 하고 그에 바탕을 두면서 기성세대에 대한 반란을 선언합니다. 저는 이 점 역시 주권 선언으로 읽고 싶습니다. 로컬하게는 분단과 적대, 글로벌하게는 패권체제, 이 체제는 청년, 여성, 소수자를 없는 존재로 만듭니다. 특히 평화-안보-외교 등 분야에서 이들의 부재는 현저합니다. 민주국가에서도 그렇고 지금 한국에서도 그렇습니다. 때문에 없어진 행위자, 억압된 행위자를 찾는 것은 평화세우기 관점에서 큰 의미를 가지고 그 역할까지 부여할 때 더 큰 의미를 갖습니다. 패권의 폭력을 지적하면서 기성세대에 대한 반란을 청년들에게 촉구한 조성만은 새로운 행위자와 그 역할에 관해서 하나의 매우 명쾌한 평화세우기 관점을 가졌다고 볼 수 있습니다.

그리고 모두 잘 아시는 것처럼, 그 속에서 자신의 삶과 역할에 대해 고뇌할 때 조성만은 오랫동안, 항상 예수의 삶과 고난을 떠올리며 명상했습니다. 그는 예수의 터전에 대해서도 "척박한 팔레스티나"로 뚜렷하게 인식하고 있었습니다. 척박한 식민지에 살았던 "목수의 아들"로 예수를 지칭합니다. 그리고 이와 연관되어 그를 기억하는 사람들이 가장 아파하고 힘들어하는 점일 수 있는, 적지 않은 사람들이 '형이 밉고 용서할 수가 없다'고 까지 한탄하게 하는 어떤 귀결—그러한 명상과 숙고를 통해서 "자책만을 계속하게 할 수는 없"다는 자각, "기성세대에 대한 처절한 반항"의 의지와 "자랑스러운 조국을 남겨주어야 한다는 의무감"을 갖게 된 것이 아닌가 합니다.

5. 조성만의 분단 고뇌와 탈분단[4]

조성만이 인식한 그대로 한반도의 분단은 국내적으로나 국제적으로도 전쟁과 독재 및 탄압을 수반하는 거대한 폭력구조였습니다. 최근 남북관계가 평화의 방향으로 변화하고 있지만, 한반도－동북아의 분단체제를 폭력의 구조로 보고 이로부터의 전면적 해방을 적극적으로 추구하는 일은 여전히 난제로 남아 있습니다. 이 해방의 과정을 탈분단이라고 부른다면, 우리는 조성만의 삶과 실천을 탈분단의 여정에 위치시키는 것에서도 의미를 찾을 수 있겠습니다.

한반도에서 토착화된 현실과 더 깊이 연관되고 더 변화지향적인 평화세우기라면, 우리를 둘러싼 체제가 어떠한 갈등과 폭력을 어떻게 발생시키는지 주목해야 할 것입니다. 세계 패권경쟁과 국내 패권경쟁, 그리고 냉전이 만들어낸 분단과 한국전쟁은 한국과 북한이 태동하고 공고화되는데 결정적인 영향력을 미쳐왔습니다.

분단체제를 국가 간의 체제로만 인식하지 않고, 조성만처럼 우리 일상 속에서, 즉 체제가 만들어내는 일상을 통해 관찰하면 어떨까요? 그러면 분단체제는 우선적으로 적대적인 이분법 체제이고, 군사와 안보를 국정의 절대적인 1번 의제로 만드는 영향력입니다. 분단체제에서는 이질적인 타자에 대해서 협력과 대화보다는 협박과 단절을 우선시되며, 환대와 우정보다는 적대와 혐오가 더 정당해집니다. 이질적 타자

---

4) 이 장은 2018년 피스모모 평화대학 봄학기, 저의 강의안을 수정한 것입니다.

는 손님 보다는 적으로 쉽게 표적화되며, 이에 대비해야 하는 시민들은 적을 재빨리 찾아내야 하는 색출 능력을 훈련받습니다. 평화의 가치를 존중하는 도덕성을 갖고 있다고 하더라도 무기와 군사주의의 패권 앞에서 쉽게 취약해지며, 민주주의를 지향할 때에도 공포조성이나 안보장사하는 사람들, 군복입은 건장한 남성 신체가 더 쉽게 유리해집니다. 국가수립 초기부터 이러한 분열에 깊이 관련된 강대국에게 한국인은 시민으로서 합리적인 태도를 갖기가 매우 어렵고, 이를 표현하는 사람들은 쉽게 색출의 대상이 됩니다. 이분법적 세계와 적대, 공포의 선동과 영원한 색출 집착증은 체제의 표현이기도 합니다.

이분법적 분열 현상을 폭넓게 관찰하면, 국가와 땅과 사람이 남북으로 쪼개졌을 뿐만 아니라, 모든 논지가 쉽게 흑백으로 나뉘거나 찬반으로 나뉘며, 나아가 거의 모든 생활세계가 그렇게 됩니다. 아니나 다를까 민주주의와 평화를 어느 정도 괜찮게 누려온 한국의 생활세계는 깊은 수준에서 우리−그들, 선진−후진, 선배−후배, 위−아래, 고위−하위, 존대−하대, 우월−열등, 남성−여성, 빈−부, 갑−을, 강−약, 서울−지방, 성공−실패, 서구백인문명−기타문명 등으로 나뉘어 있습니다. 이 체제는 마치 적아에 대한 빠른 식별과 비정상을 즉각적으로 색출해 내는데 최적화된 체제 같습니다. 역으로 이 체제에서 살아남는데 가장 손쉬운 방법이 이러한 이분법과 색출 감각을 내재화하는 것입니다. 그 촘촘한 체제에서 틈새를 찾아 함께 살 친구나 이웃을 찾는 일은 원천적으로 매우 어렵습니다.

나아가 전쟁을 통해 형성된 안보중심 국가에서는 그동안 이러한 이분법이 '안보 아니면 종말'이라는 종말론적 이분법으로도 증폭되어 왔습니다. 이럴 때 국가는 쉽게 최선의 보호자로서, 국가 지도자는 최고 보호자로서 인식됩니다. 그 외는 모두 수동적 피보호자가 됩니다. 이러한 이분법은 국가의 보호자 성격과 시민의 피보호자 성격을 강조합니다. 국가보안법이나 국가안보기구, 국방 성역화 등을 통해서 피보호자인 시민은 보호자에게 이견을 제기할 수 없도록 제도화되고 문화로 정착되어 왔습니다. 이를 통해 국가, 국기, 또는 국가를 상징한 사람들에 대한 집단적 맹목적 충성이 보장되며, 이를 위배하는 사람들에 대한 가혹한 징계가 가능해집니다. 2018년인 지금도 국가 행사에서 강요되는 '국기에 대한 경례'와 '충성 서약'을 거부하기는 매우 힘듭니다. 이러한 보호자국가(안보국가)의 지도자=보호자, 구성원=피보호자의 구도는 일상에서 가부장제, 선후배 구도, 젠더관계, 조직의 지도력, 교육, 양육과 관련된 다양한 행위와 쉽게 연결되면서, 무수히 많은 체제효과를 낳습니다. 두 가지만 예로 든다면, "간첩잡는 똘이장군"과 "오빠가 지켜줄게"라는 담론이 분단체제의 맨 얼굴이기도 합니다. 보호자－피보호자 이분법의 젠더화된 일상이라고도 할 수 있습니다.

최근 김정수, 서보혁, 김병로 등이 분단폭력을 심도 깊게 연구하여 낸 책 『분단폭력: 한반도 군사화에 관한 평화학적 성찰』[5]이 보여준 성찰도 이러한 모습을 잘 포착합니다. '분단폭력' 개념은 분단이라는 체제와 폭력의 구조성, 일상성을 매우 잘 연결시키는 개념이며, 이로부터 탈분단 구상을 가능하고 당연한 것으로 구성해줍니다. 이 책에서 서보혁은 분단폭력을 "분단이 만들어내는 폭력적 활동과 구조, 담론"이라고 정의하고, 분단폭력의 모습을 식민주의, 군사주의, 권위주의의 결합으로 설명하는 탁월한 견해를 제시합니다. 이 세 가지 억압으로부터의 탈피, 일상에서의 탈피와 구조의 변화가 탈분단을 구성하게 된다고 쉽게 유추할 수 있습니다. 특히 분단폭력은 "공산주의라는 특정 이

---

5) 김병로·서보혁 편, 『분단폭력: 한반도 군사화에 관한 평화학적 성찰』, 아카넷, 2016.

조성만과 한반도 평화

념에 대한 태도를 절대적 판단기준으로, 전시체제를 합리화의 명분으로, 이적성을 규정하는 법질서에 종속되어 만들어진 상황과 사건들"로 이해합니다. 즉 분단은 전쟁, 분단, 이적성, 국가 일체성, 다양성 통제 등에 의해 야기된 사건들로 구성된다는 것입니다.

저는 바로 이 지점, 즉 이러한 사건의 이야기와 해석을 재구성하는 실천을 하게 되면 탈분단을 구상할 수 있다고 생각합니다. 그리고 그 속에서 체제의 속살을 군사주의적 속성, 집단 중심성, 집단 경계, 폭력 사용, 위계성, 도전의식, 획일성, 영웅적 리더십으로 읽어내면 더욱 탈분단할 수 있다고 생각합니다.[6] 일찍이 조희연이 제기한 "병영국가론"[7]은 박정희 체제에, 권인숙의 "대한민국이라는 군사화된 국가와 사회"[8]는 80년대에 국한되기는 했지만, 같은 맥락에 있다고 보입니다.

안보국가, 분단폭력, 병영국가론은, 우리가 폭력이라고 인지하는 것은 그야말로 빙산의 일각이라는 점을 일깨워줍니다. 그 수면 밑의 빙산은 거대합니다. 이는 분단체제이고 미 패권체제이며 그리고 교육과 일상으로 깊게 침투한 체제의 문화적 표현입니다. 이 빙산은 너무나 많은 잘못과 피해를 만들어내고 있습니다.

요약하자면, 분단에 대한 문제의식은 분단체제의 폭력에 대한 총체적 관찰과 성찰로 이어지면 더욱 예리해 질 것이기 때문에, 조성만이 고민했던 것과 매우 비슷하게 이를 "분단이 만들어내는 폭력적 활동과 구조, 담론"이라고 정의할 필요가 있습니다. 이 분단 폭력은 특정한 역사적 사건이나 특정한 가해자에 국한된 폭력성의 산물이 아니라 식민

---

6) 서보혁, 「군사주의 이론의 초대」, 김병로 · 서보혁 편, 『분단폭력: 한반도 군사화에 관한 평화학적 성찰』, 아카넷, 2016.

7) 조희연, 『박정희와 개발독재시대』, 역사비평사, 2007.

8) 권인숙, 『대한민국은 군대다: 여성학적 시각에서본 평화, 군사주의, 남성성』, 청년사, 2005.

주의, 군사주의, 권위주의가 결합된 구조이자 현상, 그 속에 포섭된 일상과 우리로 이해하면 더 좋을 것입니다. 이 체제로부터의 작으면서도 큰, 촘촘한 해방이 탈분단의 상태일 것입니다.

조성만에게 분단이 무엇이었는지 다시 기억해보자 제안드립니다. 조성만이 좋아하고 사랑했던 진지한 대화와 잔잔한 생각을 나누는 친구, 섬세하게 배려하고 또 아파하는 사람들은 탈분단되어야 하는 미래의 사람 얼굴을 상징한다고 생각합니다. 그의 미래 비전을 구성하는 장면들입니다. 거기에는 우선 친구 사람들이 있습니다. 그들은 대화하고 아파하고 상담하고 조언하고 그래서 또 생각을 변화시키고 숙성시킵니다. 분단체제의 군사적이고 서열적이고 명령하는 인간관계의 대척점에 서 있습니다. 그는 한반도 사람들이 적대하도록 역사적으로 권력적으로 만들어졌다고 있다고 말했습니다. 즉 체제가 적대를 생산했다고 말한 것입니다. 조성만을 통해서 다시 확인할 수 있는 것은, 분단체가 만들어낸 군사적 질서, 병영적 질서, 상명하복의 질서, 색출 집착증은 이렇게 쉽게, 친구의 발견을 통해 무너뜨릴 수 있다는 가능성입니다.

통일된 한반도에 대해서 구체적으로 구상할 시간과 기회가 그에게 주어지지 않았지만, 그는 청산되지 못한 역사의 유산으로서 "조국의 분단"이 청산되어야 함을 잘 알고 있었고, 그 과정이 사람들에 큰 긍정적 영향을 미칠 것으로 예상했습니다. 현실을 숙명적인 것으로 인식하기를 거부했던 점은, 현실을 만들어가는, 세워가는 과정을 생각하고 있었던 것이며 자신의 결단을 그 과정의 하나로 위치했다는 것입니다. 그리고 조성만은 그 행동이 폭력적인 국제관계에 대한 것이자 그와 관련된 것이고 또 거기에 개입하는 것이라는 것을 분명하게 천명했습니다. 자신의 행동을 국제적인 것으로 인식했습니다.

다시 한번 강조하면, 지금 딛고 있는 분단체제를 분명하게 하나의

거대한 세계로 이해했고 그 폭력적 작용이 여기에 어떻게 미치고 있는
지 이해하는 동시에 파열을 낼 수 있는 최대한의 개인적 선택을 한 것
으로 보입니다. 저는 조성만의 생각과 행동을 30년 전에 그가 시작한
탈분단의 여정으로 이해하고 싶습니다. 물론 30년 후의 우리는 이를
더 넓고 긴 탈분단의 여정으로 만들어야 할 것입니다.

6. 시사점

지속적 평화를 위해서는 다면적 다단계적으로 갈등관리, 민 주도성,
민 주권, 일관성, 역량, 기구, 훈련, 대화, 시스템 변화가 필요합니다.
이 중에서도 특히 청년과 여성들이 평화와 안보 모든 영역과 결정 과
정에 참여, 그 과정에서 주도성－지도력－책임성의 수행, 관련된 지식
－태도－역량 습득, 다양성과 소수자 존중, 폭력 민감성, 대화－협력－
파트너십을 수행해야 합니다.

다시 한번 강조하면, 조성만은 분단체제를 분명하게 거대한 글로컬
체제로 이해했고 그 폭력에 대해서 아파했고 동시에 글로컬한 파열을
낼 수 있는 최대한의 개인적 선택을 한 것으로 보입니다. 저는 조성만
의 생각과 행동을 30년 전에 그가 시작한 탈분단의 여정으로 이해하고
싶습니다. 물론 30년 후의 우리는 이를 더 넓고 긴 탈분단의 여정으로
만들어야 할 것입니다.

현재 평화 사상, 평화의 가치, 그리고 평화 실천은 많은 과제와 기회
를 얻고 있지만, 또 많은 도전을 동시에 안고 있습니다. 한국 사회는
무엇보다도 가부장제 및 권위주의와 결합된 군사안보 신화/문화가 강
력하다는 어려움이 있습니다. 평화에 대한 관심과 실천을 새로이 심화

하고자 한다면, 이를 염두에 두고 의제와 과제 설정을 예리하게 종합적으로 할 필요가 있겠습니다.

저는 조성만을 다시 기억하고 특정한 관점으로 다시 이해하려고 시도하면서, 이러한 시사점을 얻었습니다. 지금의 국제체제(국가 간 체제)를 깊은 평화의 관점에서 그 폭력성을 알아차리고 분석하여 드러낼 필요가 있습니다. 특히 팍스로마나의 긴 전통에서 해방되는 길을 기획할 필요가 있겠습니다. 그 해방의 기획을 한반도에서 탈분단이라고 이름을 붙인다면, 탈분단의 지향, 탈분단의 과정, 일상에서의 탈분단, 체제변혁의 힘으로서 대화, 평화안보 분야의 시민주권, 탈분단된 미래상 등에 대해 더욱 노력을 기울일 필요가 있겠습니다.

폭력적 패권적 국제체제의 깊숙이 편입된 한국과 같은 국가에 대해서 국가의 행위(예를 들면, 이스라엘 폭력에 대한 한국 정부의 침묵)를 평화세우기 프레임에서 해석하고 교정하는 일이 절실히 필요합니다. 그리고 평화세우기의 과정을 국가나 보호자에게 의존해서 기대하는 것을 그만두어야 하고, 이 영역을 시민이, 그중에서도 주권을 갖지 못한 시민인 청년·여성·소수자들이 평화세우기의 주권자(참여, 결정, 실천, 숙의)가 되는 일에 특별한 강조점을 두어야 할 것입니다. 평화, 안보, 군사, 외교 영역에서 새로운 시민행위자들이 주체가 되는 일이 시급합니다. 그렇게 되도록 국가를 변화시키는 일이 매우 중요합니다. 그럴 때 그 국가가 폭력적 국제체제에서 조금이라도 더 주권을 회복할 수 있을 것입니다.

그 외에 제가 조성만의 주제였던 분단체제를 생각하면서 탈분단을 향해 강조하고 싶은 평화의 과제를 추가로 적습니다.

첫째, 평화적 수단에 의해 평화를 추구하는 사회적 실천, 즉 평화운동이 지금보다 훨씬 다양해지고, 지역적으로도 더 확산되어야 하며 또

정책적 전문성도 깊어져야 합니다. 평화를 만드는 데는 개인과 문화와 정책에 많은 변화가 필요하기 때문입니다. 풍성한 평화운동을 안고 있는 시민사회야 말로 폭력적 구조가 변화하는 출발이자 바탕입니다.

둘째, 한국 사회의 군사주의 문화를 평화의 문화로 바꾸는 일이 시급합니다. 구조적으로 정착된 폭력의 문화와 규칙을 바꾸기 위해서는 군사주의 문화를 변혁시켜야 합니다. 물리적 힘과 무한경쟁을 정당한 수단으로 간주하고 획일적 일체감을 강요하면서 집단과 경쟁에서 배제된 자를 따돌림과 폭력의 대상으로 삼는, 일제 강점기 때부터 형성된 폭력적이고 군사주의적 문화가 근본적으로 변화하여 평화와 관용의 문화로 전환되어야 합니다.

셋째, 평화의 가치와 문화가 형성되는 데에는 평화교육/역량연수가 필수입니다. 평화와 갈등조정 역량을 갖춘 지도력의 개발과 역동적인 관계적인 사회문화 형성을 위해 평화교육에 대한 관심과 노력이 절실히 요구됩니다.

넷째, 평택 미군기지 건설, 제주 해군기지 건설, 성주 THAAD 도입과 같이 주민의 의사와 이해에 반해 일방적으로 집행되는 군사안보정책에 대해 시민 – 주민들이 주권자로서 발언하고 결정하고 자신의 평화적 생존권 보장받기 위한 사회적 여론화와 법적 제도적인 정비가 필요합니다.

다섯째, 남북한 간에 전면적 군축을 도모하는 평화운동이 더 확대되어야 합니다. 남북한 상호군축은 양극화와 분열의 위기를 겪고 있는 한국 내부에도 필수적이기 때문에, 전쟁 위협과 국방비를 줄여 복지와 민생을 확대하려고 하는 평화와 복지의 연대가 필요합니다. 또 군축운동의 발전을 위해서는 시민사회가 정부의 군사안보 정책을 심층적으로 감시하고, 알 권리와 참여할 권리 및 제도화를 요구해야 합니다. 비대한 군의 개혁 역시 매우 주요한 과제입니다.

여섯째, 핵무기를 포함한 대량살상무기 문제에 대한 적극적인 대안과 적극적인 지역 군축운동이 요구됩니다. 한미동맹의 핵무기체제 역시 불법적이고 고도로 공격적입니다. 일본의 잠재적 핵전력도 큰 문제입니다. 세계 최고의 화약고 동북아에서 핵 및 재래식 무기 군축을 요구하는 국제적 평화운동이 필요합니다.

일곱째, 한반도 평화체제를 포함하는 동북아 평화체제를 형성하는 비전과 운동이 필요합니다. 특히 탈분단을 지향하는 비전과 실천 및 연구가 필요하고 이것이 현 시기 다양한 실험적 실천과 긴밀한 협력관계를 가져야 합니다. 동북아 차원에서는 민족주의를 억제하고 지역 평화체제 또는 평화지대의 수립을 요구하고, 주변국 간의 상호 교차승인과 평화협정 체결을 촉구하는 연대운동을 강화해야 합니다.

여덟째, 평화운동은 전문적인 영역으로 평화외교의 비전과 원칙, 방법을 정부에 앞서 기초하고 협력적 안보, 민간 중심의 대안적 안보, 갈등 예방적 외교, 평화협력 대외원조 등의 새로운 외교이념을 개척해야 합니다. 특히 그중에서도 낡고 냉전적이고 현실주의적인 군사안보 패러다임을 새로운 평화적 안보패러다임으로 변혁시키는 지적 작업을 선구적으로 할 필요가 있습니다.

아홉째, 평화사상, 평화학, 대안적 안보에 대한 연구와 전문적 논의가 확대되어야 합니다. 환경평화운동과 여성평화운동의 경험을 반추해서, 토착적 평화사상에 현대 평화학과 생태주의 및 여성주의를 교차하는 전문적 연구와 논의가 향후 체계적인 평화의 비전을 세우는데 토대가 될 것입니다.

한반도 평화의 상상력과 젠더

조 영 주
한국여성정책연구원 부연구위원

한반도 평화의 상상력과 젠더

1. 들어가며

최근 한반도를 둘러싼 정세가 급변함에 따라 평화에 대한 논의가 활발해지고 있다. 정전협정에서 평화협정으로, 정전체제에서 평화체제로, 현재 한반도의 불안정한 상태를 안정적이며 평화적인 상황으로 전환시키기 위한 방법들을 탐색하는 것이다. 4·27 정상회담에서는 '완전한 비핵화'와 '핵 없는 한반도'를 적시한 판문점선언을 발표하면서 한반도의 비핵화를 위해 북측의 핵·미사일 중단 및 핵 실험장 폐쇄 결정이 중대한 선제적 조치임을 인정하고 향후 국제사회의 기준과 규범 아래 비핵화에 적극 노력할 것을 밝혔다. 그리고 한반도 평화협정 체결의 의지를 확인하였다. 이후 북한은 한반도 비핵화의 의지를 보여주기 위한 조치들을 취함으로써 한반도 비핵화를 위한 단계를 밟기 시작했다. 하지만 여전히 한반도에서 평화를 만들어가는 데 어려움이 있고, 남북한 당국의 의지만으로 평화를 이루는 것은 쉽지 않다는 것을 계속 확인하는 순간들에 직면하고 있는 것이 현실이다. 한반도 평화문제에서 주체의 다층성과 주체들 간의 권력관계가 갖는 한계는 과거로부터 미래까지 평화만들기 과정에서 고민하고 해결해야 할 문제이기도 하다. 현실적으로 한반도의 비핵화와 평화체제 구축과 관련해서 종전선언과 평화협정 체결, 북한의 비핵화 조치가 중요한 과제가 되고 있다. 종전선언의 주체, 종전선언과 평화협정, 평화협정과 남북기본협정의 관계 등의 문제로 구체화된다. 비핵화와 관련해서도 북한의 체제보정과 대북제재의 문제, 비핵화 방식 등 해결해야 할 과제들이 있는 상태이다.

4·27 정상회담 이후 '핵'과 '국가', '군사적인 것'을 중심으로 한 한반도 평화에 대한 논의가 활발히 이루어지고 있는 한편으로, 다양한 층위에서 분단과 평화에 대한 논의가 확장되고 있다. 정전체제에서 평화체제로의 전환이 분단 해소와 평화만들기와 직결되지 않는다는 문제의식을 제기하며 '분단'에 대한 논의에서부터 적극적 의미의 평화에 이르기까지 논의들이 이루어지는 것이다. 시민사회를 중심으로 분단－탈분단 논의를 진행하는 한편 평화운동이 확장되고 있고, 기존 통일교육패러다임도 평화교육패러다임으로 전환되면서 전반적으로 '평화'가 이 시대의 중요한 화두가 되고 있다. 이러한 흐름 속에서 이 글은 우리가 상상해야 할 한반도의 평화가 무엇인지를 젠더 관점에서 논의해야 할 필요성을 제기한다. 한반도 평화에 대한 다층적 접근이 이루어지고 있으나 여전히 국제정치적인 맥락과 군사적인 것을 중심으로 논의가 진행되고 있는 상황에서 과연 군사적인 문제의 해결이 우리의 평화를 가져다주는 것인지, 우리가 상상하는 평화는 무엇이고 어떻게 실천가능한지에 대한 탐색이 필요하다는 문제의식이다. 한반도 평화 구축을 지향해왔으나, 실제 평화의 상태가 어떤 것인지에 대한 상상력은 부족하다. 한반도 평화의 상상력은 무엇이 평화롭지 않은 상태인지를 짚어내고 이를 변화시키기 위한 구체적인 실천과제를 도출하는 것으로부

터 출발할 수 있다. 따라서 이 글은 그동안 여성들이 한반도 평화와 관련해 문제제기하고 실천해온 차원을 살펴보고, 젠더 관점에서 한반도 평화를 상상함에 있어 무엇을 고려하고 짚어내야 하는지, 무엇을 실천해야 하는지를 시론적 차원에서 문제제기하고자 한다.

2. 젠더 관점에서 평화를 논의한다는 것은[1]

인류의 역사와 함께 왜 전쟁이 일어나는지, 어떻게 평화가 가능한지에 대한 질문도 지속되어 왔다. 안보를 위협하는 것이 무엇인가에 대한 논의에서 전통적 관점은 주로 국가 간 군사적 갈등인 전쟁을 분석의 시작으로 삼았고, 전쟁이 일어나는 이유, 전쟁을 중단시키거나 막을 수 있는 방법 등에 대한 학문적 논의를 활성화해왔다. 냉전체제의 붕괴와 함께 기존의 전통적인 안보 개념은 도전을 받기 시작했고, 그 결과 적에 대한 합의 부재, 새로운 안보 개념의 필요, 안보 이슈에서 국내요소 간 관련성의 중요성 부각, 국내요소가 경계밖에 미치는 영향 등 안보와 관련한 새로운 이슈들을 제기했다.[2] 국가와 군사적인 것을 넘어 안보의 개념을 확장해가면서 구조적 폭력을 문제제기하고 평화 개념을 확장시키는 시도들도 있었다. 관련하여 구성주의, 비판적 안보 연구, 평화 연구, 탈식민주의 안보 연구, 여성주의 안보 연구 등이 논의를 구체화하였다.

---

[1] 이 부분은 한국여성정책연구원의 『평화번영의 한반도: 성주류화 접근』(2018)의 2장 "평화번영의 한반도 구상과 성인지적 접근"의 내용을 수정, 요약한 것임을 밝힌다.
[2] Terriff · Croft · James · Morgan, *Security Studies Today*, Cambridge: Polity Press, 1999, pp.10~11.

국제관계 혹은 안보와 관련한 여성주의적 논의는 1980년대 말 등장했다고 볼 수 있는데, 기존의 '안보' 개념을 문제시하며 여성의 입장에서 '안보' 개념을 재구성하고자 했고, '안보'에 구조적 폭력을 포함할 것을 주장했다. 국제관계와 관련한 여성주의적 논의의 핵심적 내용 중 하나는 주류 국제관계학 자체와 주요 개념들이 젠더화되었다는 점이다. 이들 논의의 범위는 매우 넓은데, 주류 국제관계학의 원칙을 포함하여 국가, 주권, 안보 같은 개념들을 여성주의 이론에 기반하여 상대화하는 것뿐만 아니라 전쟁, 평화, 무기, 국제기구, 개발, 인권 등에 대한 아젠다를 망라한다.[3]

여성주의 국제관계학자들과 안보연구자들은 기존의 주류 국제관계학에서 제기하는 평화와 안보 개념에 대한 비판적 접근에 있어 '젠더' 개념을 재확인하는 것에서부터 시작하였다. 여성주의자들은 기존의 국제관계학자들이 젠더를 남성과 여성 사이의 개인 간의 관계이지 국제정치학이 아니라고 인식하는 것은 젠더에 대한 잘못된 이해라는 점을 지적한다. 여성주의 연구자들은 젠더(gender)를 사회적이고 문화적으로 구성된 집합으로 정의하고 스콧(Joan Scott)이 제안하는 젠더 개념인 "성별 간의 차이에 기초하는 사회적 관계의 구성요인이며 권력관계를 결정하는 일차적인 방법"에 기초하여 역사 분석의 주요 범주로서 젠더를 강조한다.[4] 특히, 여성주의 연구자들은 힘과 자율성, 합리성, 공적

---

[3] 전쟁과 국가, 안보와 관련한 논의의 출발이 되는 루소, 마키아벨리, 홉스 등이 여성을 바라보는 관점은 이를 명확히 드러낸다. 루소는 '여성들은 성적 열정의 영원한 노예이기 때문에 정치에 참여할 만한 이성을 발전시킬 수 없다'고 했고, 마키아벨리는 '여성 때문에 국가가 어떻게 망가졌는가'를 논하기도 했다. 박강성주, 「여성주의 안보연구 시론」, 『여성과 평화』 제5호, 2010, 210쪽.

[4] Scott, W. Joan, *Gender and the Politics of History*, New York: Columbia University Press, 1988; 안 티커너 지음, 황영주 외 옮김, 『여성과 국제정치』, 부산: 부산외국어대학교 출판부, 2001, 24쪽.

영역은 남성으로, 약함, 종속, 감정적, 사적인 영역은 여성으로 대표되는 상징적 의미를 지적하며, 젠더가 문화의 많은 부분을 형성하는 상징체계라는 점을 강조하였다. 그리고 구조적 차원에서 젠더는 권력관계를 나타내는 주요 방식으로, 여성의 열등한 지위를 '자연스러운 것'으로 만들고 적법화하는 제도적 구조를 통해 젠더가 구성됨을 밝히며 개별적인 젠더관계가 인간 세계와 경험의 시작이고 구성요소이기 때문에 여성들의 경험과 행위가 그들이 위치지워진 곳에서 사회적 관계를 통해 어떻게 구성되는지를 의식해야 한다고 했다. 이러한 젠더에 대한 인식을 기반으로 여성주의의 주요 테제인 '개인적인 것이 정치적인 것이다'를 '개인적인 것이 국제정치적인 것이다'로 변용하여 여성주의 국제관계학, 여성주의 안보연구의 중요성과 필요성으로 강조하였다.

여성주의 안보 및 평화 연구자들의 젠더에 대한 관점은 국제관계와 국제정치에서 여성을 추가하는 것을 넘어 젠더를 주요 분석 범주로 포함한다는 것을 의미하는 것이기도 하다. 이는 기존 지식의 전환을 도모하는 것으로, 국제관계에 대한 접근에 있어 인식론적 전환의 필요성을 제기한다. 그동안의 주류 국제관계학은 실증주의적 전통에 기반을 둔 경향이 있다. 하지만 여성주의는 지식이 사회적으로 구성되고, 맥락과 문화, 역사에 의해 형성된다는 점을 강조하면서, 안보와 평화에 관한 지식을 구성하는 데 있어 내부자가 아니라 비권력화되고 주변화된 입장으로부터 출발하고자 했다.[5] 이는 안보의 주체에 대한 재고, 안보 개념에 대한 비판, 기존 국제관계 이론의 재구성 작업으로 구체화되었다.

대표적인 여성주의 국제관계학자 안 티크너(J. Ann Tickner)는 현실

---

[5] J. Ann Tickner, "You Just Don't Understand: Troubled Engagements Between Feminists and IR Theorists", *International Studies Qualiterly* 41, 1997.

주의자들의 안보가 전제하는 주요 논리들을 비판하였다.[6] 티크너는 현실주의자들을 중심으로 하는 전통적인 국제관계학자들이 안보의 주체로서 가정하는 인간은 '남성'으로 대표되는 것이며, 이때 남성은 군사화된 남성을 전제하며 그로 인해 여성이 타자화되고 있음을 비판하였다. 국가 역시 남성화되어 국가를 중심으로 한 안보의 강조는 특권화된 남성성의 젠더화된 이미지를 통해 구성되고, 특권화된 남성성에 대한 가치를 부여하고 있다고 하였다. 이런 측면에서 티크너는 국가의 군사적 안보가 국민들의 안전과 경제적 안녕을 보장하지 못함을 재인식해야 하고, 개인적인 관점에서 안보를 고려할 때 국가중심적이며 군사주의 중심의 안보를 벗어날 수 있다고 주장한다.[7]

여성주의적 평화를 주장하는 이들은 평화와 안보와 관련된 실천적 이슈 중 하나로 전쟁을 반대하는 것과 함께, 전쟁의 주요 수단인 군대를 문제제기하기도 한다. 군대 자체가 갖는 폭력성의 문제, 군대에 의한 여성 폭력의 문제와 함께 군대를 통해 양산되는 군사주의적 문화가 갖는 문제점들을 드러내었다. 군사주의 문화는 군대를 통해 (재)구성되어 사회로 확산되면서 일상화된다. 이에 대해 여성주의자들은 군사주의 문화가 갖는 일상성과 성별성을 문제제기 해왔다. 신시아 인로 (Cynthia Enloe)는 개인적 관계가 국제화되는 것에 문제의식을 가지고, 그동안 국제정치에서 가시화되지 않았던 여성에 주목하며, 정치, 경제, 군사, 사회 영역에서 여성들이 국제정치에 의해 동원되는 방식을 밝혔다.[8] 또한 군사주의가 일상에 침투한 방식에 관심을 기울이며, 여성과

---

[6] 안 티커너 지음, 황영주 외 옮김, 앞의 책.

[7] 위의 책, 79쪽.

[8] 신시아 인로 지음, 권인숙 옮김, 『바나나, 해변, 그리고 군사기지: 여성주의로 국제정치 들여다보기』, 서울: 청년사, 2011.

전쟁, 여성과 군대의 관계를 규명해왔다.[9] 크론셀(Kornsell)은 "징병제가 군사주의적 질서를 여성에게 확산하는 측면이 분명히 있다. 그러나 '여자-보호받는 자', '남자-보호하는 자'라는 공식을 깨는 것도 중요하다"라고 하면서 군대라는 공간을 평등의 차원에서 재구성해내야 할 필요성도 제기하였다.[10] 이처럼 여성들은 안보 및 평화 개념, 기존 안보 논의가 갖는 몰성성(gender-blindness)을 비롯한 여러 문제점들을 제기하며 여성의 입장에서 안보와 평화에 관한 논의를 해나갔다.

여성들의 기존의 안보와 평화 개념에 대한 문제제기는 이론적 논의에 그치는 것이 아니라 구체적인 실천으로 나타났고, 그러한 실천은 이론적 발전의 근간이 되었다. 안보와 평화에 관한 여성주의적 접근에서 여성들의 경험을 드러내는 작업은 매우 중요했고, 이를 통해 기존의 안보와 평화, 젠더의 관계에 대한 편견들에 도전해왔다. 여성들의 안보와 평화와 관련한 경험 및 실천은 전쟁에 대한 직접적인 대응과 저항, 반군사주의 운동, 안보 및 평화이슈의 제도화 등의 방식으로 이루어졌고, 국내의 여성 간 연대뿐만 아니라 초국적 여성네트워크의 구축을 통해 여성들은 경험을 공유하고 실천하였다.

3. 한반도 평화만들기와 여성 실천의 역사

여성의 입장에서 한반도의 안보와 평화를 논의한 것은 오랜 역사를 가지고 있다. 여성들의 한반도 평화구축을 위한 여러 활동들은 전쟁과

---

9) 신시아 인로 지음, 김엘리·오미영 역, 『군사주의는 어떻게 패션이 되었을까』, 서울: 바다출판사, 2015.
10) 권인숙, 「징병제의 여성참여」, 『여성과 평화』 제5호, 2002, 61쪽에서 재인용.

안보, 평화에 대한 여성주의적 논의와 맥을 함께 한다고 볼 수 있다. 여성들의 한반도 평화실현을 위한 노력들은 다양한 방면에서 여러 의제들을 중심으로 이루어졌다.

1970년대부터 한국의 여성평화운동은 군축과 반전활동을 벌여나갔다. 원폭피해자 지원운동을 시작으로 반전반핵운동, 핵발전소 건설 반대운동, 최루탄 반대운동, 방위비 삭감운동, 군예산집행 감시운동 등 적극적이며 제도적 개입을 위한 활동들을 다양하게 해왔다. 특히 1980년대 반전, 군축운동은 한국 사회의 근본적 모순을 민족 분단으로 설정하고 여성에 대한 억압과 차별을 해소하기 위해서는 반전군축운동이 필수적이라는 인식에서 출발했다. 1990년대 들어서는 반전군축운동을 평화운동적 관점에서 진행해야 한다는 문제제기를 하면서 여성평화운동을 의제화하고 대중적으로 접근하고자 했다. 또한 반전활동도 활발히 진행했는데, 한반도의 전쟁 위기 시 여성들은 전쟁을 반대하는 국내외적 활동을 해나갈 뿐만 아니라, 국제사회에서 일어나는 전쟁에 대해서도 적극적으로 개입하고자 했다. 여성들의 반전활동은 여성을 비롯한 다양한 소수자의 인권과 생명에 관심을 두었고, 민족이나 국가라는 거대담론과 군사화된 안보에 대한 관심보다 개인과 비군사적인 안보의 문제에 집중했다.[11] '전쟁을반대하는여성연대'(Women Against War, WAW), '군사주의를반대하는한국여성평화네트워크'(SAFE Korea) 등은 기존의 평화운동과 여성평화운동을 차별화하면서 직접적인 전쟁의 문제뿐만 아니라 일상화된 군사주의를 가시화, 문제화함으로써 평화의 의미를 확장하는 노력들을 해왔다.

또한 여성들은 국가를 중심으로 하는 군사적 안보가 여성의 인권을

11) 조영주, 「평화번영의 한반도 구상과 성인지적 접근」, 한국여성정책연구원, 『평화번영의 한반도: 성주류화 접근』, 2018.

침해하고 여성을 배제해 온 방식에도 주목했는데, 대표적인 사례가 일본군'위안부' 문제와 기지촌 여성에 관한 것이었다. 각 문제들이 한국 사회에서 처음 문제제기 될 때는 민족의 관점에서 문제에 접근하면서 식민지배와 분단에서 원인을 찾았다. 하지만 이러한 접근은 결국 민족의 범주 안에서만 여성들의 존재가 인정되는 현실과 남성들의 운동의 명분으로 해당 문제들이 동원되는 결과를 낳았다. 이에 대해 여성들은 일본군'위안부' 문제와 기지촌 여성의 문제는 '전쟁 시 여성인권'의 문제로 간주하며 민족의 경계를 넘어 여성에 대한 폭력의 문제로 다루기 시작했고, 기지촌 여성 문제의 경우는 분단구조의 문제가 아니라 민족주의 담론과 국가중심의 안보 논리가 이 문제를 심화시키고 있음을 제기하였다. 그리고 국가안보가 아닌 인간안보를 강조하고, 여성안보를 개념화하여 이를 주장하기도 하였다.

한편으로 일상적인 차원에서 군사주의를 문제제기하고, 구조적 폭력과 폭력의 일상화가 평화를 침해한다는 것에 주목하여 평화교육 및 평화문화운동도 구체화해나갔다. 최근 다양한 주체들에 의한 평화교육과 평화문화운동이 이루어지고 있는데, 일찍이 여성들은 평화교육과 평화문화에 대한 담론을 형성하고 활동해왔던 것이다. 여성들의 평화교육과 평화문화운동은 앞서 서술한 반전 및 군축 활동과 함께 진행이 되었고, 비폭력운동 등과 같이 폭력과 갈등을 반대하면서 이를 평화적으로 전환시키기 위한 교육프로그램과 활동을 개발 및 운영하였다. 이러한 여성들의 활동은 한반도 평화 관련 논의와 활동에서 선구자적인 역할을 했다고 볼 수 있다.

한반도의 분단해소 및 평화구축과 관련하여 남북관계도 중요한 부분 중의 하나이다. 여성들은 1988년 7·7선언 이후 민간교류 활성화의 흐름에서 남북한 간 여성교류를 시작했다. 제일 처음으로 성사된 남북

여성교류는 1991년 「제1차 아세아의 평화와 여성의 역할」 세미나였다. 여성들의 남북교류는 통일운동이기도 하지만 여성평화운동으로서의 의미도 내포하고 있다. 민간 차원에서 처음으로 휴전선을 넘어 방북과 방남을 했고, 여성의 입장에서 한반도 평화의 목소리를 냈다는 점에서 그러하다. 그리고 한반도 위기상황에서 여성들은 평화의 관점에서 남한과 북한, 해외의 여성들과 연대하여 평화에 대한 활동을 벌여나갔다. 특히 2000년대 후반 이후에는 한반도 평화체제 구축과 관련한 여성들의 국제적 연대가 활발해졌는데, 2007년부터 6자회담 당사자국 여성들의 국제연대를 요구하였다. 그 결과 2008년부터 2012년까지 동북아여성평화회의를 조직하여 개최하여 한반도 평화체제 구축에서 여성의 역할에 관한 논의들을 국제적인 차원에서 해나갔다. 이러한 여성들의 연대는 평화를 주도적으로 담론화하면서 변화를 도모해왔다는 점과 서로 다른 위치성을 가진 여성들이 연대를 통해 여성 범주와 민족 개념에 대한 새로운 논의의 필요성을 제기했다는 점에서 의미가 있다.[12]

평화와 관련한 여성들의 노력은 제도화의 성과도 가져왔다. 여성들의 정책적 개입은 여러 측면에서 이루어졌는데, 국방비와 한미주둔군지위협정(SOFA), 북한에 대한 인도적 지원 및 남북여성교류 활성화 등과 같은 부분에 대한 제도적 개선을 요구하는 활동을 벌였다. 그리고 대표적인 성과로는 UN안보리결의안 1325호 국가행동계획 수립이 있다. UN안보리결의안 1325호는 1990년대 분쟁지역의 대규모 조직적 강간을 계기로 무력분쟁지역에서 발생하는 여성 폭력에 대한 문제를 국제사회가 관심을 가지면서 채택되었다. 2000년 유엔 안전보장이사회는 무력 분쟁 지역의 여성에 대한 폭력이 국제 사회의 평화와 안보를

---

12) 이진옥, 「WOMENCROSSDMZ : 한반도 평화를 위한 여성의 경계 넘기」, 『여성학논집』 33집 2호, 2016, 73쪽.

위협하고, 분쟁예방 및 평화구축의 주체로서 여성의 역할이 중요하다는 인식을 바탕으로 여성과 평화, 안보에 관한 「안보리결의 1325호」를 만장일치로 채택하였다. 안보리결의 1325호는 유엔 회원국이 분쟁예방 및 분쟁 이후 재건 과정에서 평화구축 관련 활동을 할 시 성인지적 관점을 통합하고 분쟁해결 의사결정 과정에 여성의 참여를 확대하며 분쟁지역으로부터 여성을 보호하는 것과 더불어 평화유지군활동(PKO)에 대한 여성과 아동 보호 관련 교육을 촉구하는 내용을 담고 있다. 1325호 채택 이후, 후속 결의안들이 채택되면서 여성에 대한 폭력을 국가적, 국제적 차원에서 해결해야 한다는 것을 정당화했고, 구체적인 방법으로 의장성명을 통해 결의 이행을 위한 국가 차원의 「국가행동계획」 수립을 권고하고 있다. 한국은 2014년 1기 '여성, 평화와 안보에 관한 유엔안보리결의 1325호 이행을 위한 대한민국 국가행동계획'을 수립하였고, 2018년 2기 국가행동계획을 수립하였다. 분단이라는 상황에서 UN안보리 결의안 1325호 국가행동계획 수립이 한반도 평화 구축 과정에서 중요한 정책적 과제라고 인식한 여성평화운동 진영은 이를 지속적으로 정부에 제안했고, 국제적 연대를 통해 1325호 관련 활동을 벌여나갔다. UN안보리 결의안 1325호는 여성, 평화, 안보에 대한 최초의 유엔 안전보장이사회 결의문으로 성인지적 관점을 평화 과정의 모든 측면에 연결시키고자 하는 정치적 틀이라는 점에서 중요한 의미를 갖는다.[13] 그리고 유엔 안전보장이사회의 평화와 안보와 관련한 모든 활동이 성평등을 지향할 것을 명시했다는 점과 여성들의 평화와 안보 분야에서 성인지적 관점을 통합할 것을 요구해 온 결과물이라는 점에서 의미가 있다.

---

13) 정경란, 『유엔 안보리 결의 1325호와 여성평화리더십』, 평화를만드는여성회, 2013.

한반도 상황이 여타의 분쟁지역과는 다른 성격을 가지고 있으나 종전이 선언되지 않았다는 점에서는 분쟁지역이라고 볼 수 있다. 그리고 세계 유일의 분단국이면서 식민지와 전쟁을 경험했다는 점 역시 한반도에서 평화를 만들어가는 것은 중요한 과제이기도 하다. 식민지와 전쟁을 경험하며 일본군'위안부'와 같은 전시 성폭력의 문제가 발생했고, 여전히 해결되지 않고 있다. 그리고 한국전쟁 이후에는 외국군이 상시적으로 주둔하면서 여성에 대한 폭력 피해 역시 지속적으로 발생하고 있다. 더욱이 최근의 남북관계 변화에 따른 종전선언 및 평화협정체결을 위한 길에서 성인지적 관점은 매우 중요하다고 하겠다. 한반도에서 여성이 배제되지 않는 평화, 젠더 폭력이 제거되는 평화를 만들어가기 위한 노력들을 지속할 필요가 있고, 그 과정에서 UN안보리 결의안 1325호 국가행동계획은 제도적 차원에서 기반을 조성한 것이라 할 수 있다.

4. 탈분단에서 시작하는 한반도 평화만들기

1) 분단과 통일을 넘어 탈분단으로

한반도 분단 문제를 접근하는 데 있어 과거 분단체제론이 담론의 핵심이었던 상황에서 최근 분단에 대한 새로운 접근들을 모색하는 작업들이 있어 왔다. 또한 분단과 관련해서 '통일'이 담론을 주도하던 상황도 변화하고 있다.

분단에 관한 연구는 1970년대를 기점으로 전개되었고, 초기 연구경향은 분단의 원인을 설명하는 데 관심을 두었다. 그리고 민주화의 흐름 속에서 분단과 관련한 논의가 확장되면서 민간 차원의 학술연구나 시민사회를 중심으로 한 통일담론이 활성화되기 시작했다. 2000년대 들어서는 남북관계 개선이라는 상황 속에서 분단 및 통일 연구가 급격히 확산되었다. 분단 연구는 주로 분단 개념, 원인, 분단국 사례에 대한 연구가 진행되었고, 1980년대 이후 분단으로 인한 정치, 사회, 경제적 문제를 구조적 차원에서 다루는 것과 함께 분단과 국내외 정치, 분단과 사회문화, 분단과 젠더 등의 다양한 이슈와 관점을 분단에 결합하는 시도들이 이루어졌다.[14] 특히 최근 분단의 일상화에 대한 관심들도 진행이 되고 있는데 분단으로 인한 집단과 개인의 트라우마에 주목하거나 분단과 폭력에 대한 논의들도 이루어지고 있다.[15] 이러한 분단과 사회, 분단과 개인, 분단과 폭력에 대한 관심이 증대되는 한편, 분단 자체에 대한 논의를 새롭게 해나가려는 시도도 있었다. 그동안 분단 상황은 통일을 막연하게, 당연하게 지향하게 했고, 분단의 개념이나 접근 방식에 대한 논의는 활발히 이루어지지 못한 측면이 있다. 최근 분단에 대한 새로운 접근의 필요성을 제기하며 분단을 실재하는 것이 아니라 일상에서 수행되는 것이라는 문제제기도 이루어졌다. 다시 말해 분단은 존재하는 것(being)이 아니라 우리가 행하는(doing) 것이며 단수가 아닌 복수의 분단'들'이 다양한 사회-기술적 장치들의 조합

---

14) 분단 연구의 흐름과 동향에 관한 자세한 내용은 다음의 글을 참조. 조우현·조영주, 「분단 연구의 동향과 과제」, 『북한학연구』 제10권 제2호, 2014.

15) 김성민·박영균, 「분단의 트라우마에 관한 시론적 성찰」, 『시대와 철학』 제21권 제2호, 2010; 김성민, 「통일을 위한 인문학의 역할」, 건국대학교 인문학연구원 통일인문학연구단 엮음, 『소통, 치유, 통합의 통일인문학』, 서울: 선인, 2009; 이병수, 「휴머니즘의 측면에서 바라본 통일」, 건국대학교 인문학연구원 통일인문학연구단 엮음, 『소통, 치유, 통합의 통일인문학』, 서울: 선인, 2009; 강성현, 「한국의 국가 형성기 '예외상태 상례'의 법적 구조: 국가보안법(1948·1949·1950)과 계엄법(1949)을 중심으로」, 『사회와 역사』 제94집, 2012; 홍민, 「분단과 예외상태의 국가: 분단의 행위자-네트워크와 국가폭력」, 『북한학연구』 제8권 제1호, 2012; 김동춘, 「분단이 낳은 한국의 국가폭력-일상화된 내전 상태에서의 '타자'에 대한 폭력행사」, 『민주사회와 정책연구』 통권 제23호, 민주사회정책연구원, 2013 등.

과 배열을 통해 나타나고 수행된다는 것이다.[16] 이러한 분단의 수행성과 관련해서는 학문적 논의와 함께 평화운동 및 교육 단체인 피스모모(Peace Momo)의 다양한 활동들이 이루어지고 있다.

한편, 당위론적으로 접근되었던 '통일'과 관련한 논의들도 변화를 보여 왔다. 기존의 통일담론이 갖는 한계를 지적하며 새로운 개념들을 제기하였는데, 통합, 탈분단, 공존 등이 있다. 기존 통일 개념에 대한 비판으로는 통일을 '결과'가 아닌 '과정'으로 보아야한다는 것에서부터 '통일' 개념 자체가 갖는 전제로 인해 통일 개념의 확장이 어렵고, 통일이 최우선적 가치가 됨에 따라 복지·자유·평화·인권 등의 보편적 가치가 사소화될 수 있다는 점에 대한 지적이 있었다.[17] 그리고 민족을 중심으로 한 동질성의 추구가 남북한 간에 존재하는 차이를 단일한 틀에 융해시켜버리는 획일주의적 경향을 내포할 수 있다는 점을 문제 제기하기도 했다.[18] 이러한 비판들을 바탕으로 제기된 개념 중 '탈분단'은 우리에게 시사하는 바가 크다. '탈분단'은 조한혜정 교수가 제기한 개념으로,[19] 분단으로 인한 구조적 문제를 극복해야 하는 총체적인 운동으로 이어져야 한다는 의미를 포함한다.[20] 구조적, 제도적 차원뿐만 아니라 분단으로 인한 이데올로기, 문화 등의 문제들로부터 '탈'해야 하며, 이를 위해서는 분단이 우리 사회에 스며들어 있는 방식, 분단

---

16) 이와 관련한 논의는 다음의 책 참조. 동국대 분단/탈분단연구센터, 『분단의 행위자 −네트워크와 수행성』, 파주: 한울아카데미, 2015.

17) 권혁범, 「통일에서 탈분단으로: '민족 동질성 회복'론 및 '민족 번영'론에 대한 비판적 성찰」, 영남대학교 통일문제연구소, 『통일문제연구』 22호, 2000, 3~5쪽.

18) 또하나의문화 통일소모임, 「문화적 동질화론에 딴죽걸기」, 『통일을 준비하는 사람들』, 또하나의문화, 1999; 김은실, 「민족담론과 여성: 문화, 권력, 주체에 관한 비판적 읽기를 위하여」, 『한국여성학』 10호, 1994; 임지현, 「한반도 민족주의와 권력 담론: 비교사적 문제제기」, 『당대비평』 10호, 2000 등.

19) 조한혜정·이우영, 『탈분단 시대를 열며』, 서울: 삼인, 2000.

20) 권혁범, 앞의 글, 6쪽.

을 통해 권력화된 것과 분단을 권력화한 것들을 드러내는 작업에서부터 시작해야 한다. 분단의 흔적들을 추적, 해체함으로써 평화의 가치를 구체적인 현실과 일상에서 구현할 수 있는 것이다.

2) 탈/분단과 젠더

통일담론에 대한 비판을 제기하며 탈분단과 평화를 강조해 온 주요 주체들 중 하나가 여성들이다. 여성들은 통일의 당위성의 근거가 되는 민족동질성 회복에 대한 문제제기를 하며 분단 상황으로 인한 여성의 인권 침해와 피해에 관심을 두었다. 그리고 통일이 반드시 여성의 인권과 지위를 보장한다기보다 위험한 측면도 있을 수 있다는 점을 지적하였다. 분단은 복지나 주한미군 관련한 문제를 야기하는 한편, 군사주의 문화의 확산과 가부장적 남성성의 강화 등으로 여성들은 이중적 피해를 받을 수밖에 없는 상황이라는 것이다.[21] 체제전환국과 독일통일 사례를 보아도 통일은 체제 변화를 넘어 삶의 조건을 변화시키는 것이기 때문에 여성들이 체험하게 되는 체제전환과 통일은 과거와는 다른 삶을 살 수밖에 없었고, 그 과정에서 수많은 피해들이 발생했음을 경험적으로 알 수 있다. 이러한 경험들을 통해 여성들은 통일과 평화 분야에 대한 여성의 개입, 성인지적 접근을 강조해왔다. 대표적으로 통일, 외교, 안보 분야에 대한 여성들의 대표성 제고를 주장했는데, 각 분야들은 주로 남성들의 활동무대로, 정책결정 과정에서 여성들이 배제되어 있고, 이론이나 담론이 남성중심적 사유의 틀에서 벗어나지 못하고 있으며, 그간의 통일정책과 운동이 여성과 남성에게 다른 방식

---

21) 박의경, 「한국에서의 여성, 평화 그리고 통일: 여성주의적 미래 사회를 위하여」, 『대한정치학회보』 14집 2호, 2007, 8-9쪽.

으로 영향력을 행사해 왔기 때문이다.[22]

또한 여성들은 젠더(gender)가 사회질서를 조직하는 원리로서 한반도의 분단 상황을 유지, 재생산시키는 데 주요 원리로 작동하였음과 분단이 유지되는 과정에서 젠더가 동원된 방식을 지적했다. 먼저 기존의 민족담론, 통일담론을 비판하며 민족 및 민족주의 담론에 내재된 성차별주의를 드러내고, 민족/민족주의가 여성에게 젠더화된 장치로 작동화하는 방식을 문제화하면서 민족을 중심으로 한 동질성의 추구는 기존의 성차별적 젠더질서를 유지하는 결과를 낳을 수 있다는 인식 하에 '긍정적 이질성'으로 '부정적 동질성'을 해체할 것을 제기했다.[23] 분단 유지 과정에서 젠더가 동원된 방식과 관련해서는 남북관계를 재현하는 방식과 분단이 만들어낸 적과 감정, 군사주의 일상화 등에 대한 문제제기가 있다.

분단체제하에서 남북한은 서로를 적대시하며 서로에 대한 특정한 이미지를 생산했고, 서로를 '적'으로 구성해갔다. '적'이라는 개념은 군사주의를 작동시키는 주요 구성요소로 적과 아를 이분법적으로 나누고 적을 죽임으로써 우리가 살 수 있다는 논리를 통해 부국강병과 군사력 강화를 정당화한다.[24] 이러한 '적'의 생산과 적으로 인한 공포의 확산은 그동안 분단체제를 유지하는 중요한 기제였고, 이를 통해 사회질서를 통제하고 통치하려는 전략들이 구사되어 왔다. 그리고 남한과

---

22) 김엘리, 「여성의 시각에서 본 통일」, 『2008 세교연구소 심포지엄 「기울어진 분단체제, 대안을 만들 때다: 남북연합과 한반도 선진사회 건설」 자료집』, 2008, 25쪽.
23) 조순경, 「가부장적 시장경제와 가부장적 계획경제의 만남: 남북경제협력과 여성노동」, 『한국여성학회 제3차 월례발표회 「여성주의 시각에서 본 남북교류의 문제」 자료집』, 2000, 22쪽; 조영주, 「통일담론과 여성의 실천」, 『북한학연구』 8권 2호, 2012.
24) 김엘리, 「분단과 군사주의를 넘어서는 시민교육」, 피스모모 창립 5주년 컨퍼런스 『전쟁의 북소리에 춤추지 않는 교육』(2017.9.28), 2017, 27쪽.

북한 사이에 흐르는 적대감은 분단을 유지하고 분단에 의해 생산되는 핵심적인 감정구조로 자리 잡았다.[25] 최근 '적'은 다양한 방식으로 출현되고 있고, 이러한 적을 구성하는 방식으로 통해 이루어지는 통치는 분단 상황과 군사주의, 신자유주의 등과 결합하여 복잡한 양상으로 나타나고 있다. 과거 대표적 적은 북한이었는데, 최근에는 일상적인 차원에서 적을 만들어내고 있고, 이 적은 적대감과 '혐오'를 양산하고 있다. 일련의 여성 혐오도 분단으로 인해 구성된 우리의 심성과 의식구조와 무관하다고 볼 수 없다. 여성에 대한 혐오, 소수자와 타자에 대한 혐오가 발생하게 된 데는 여러 복잡한 맥락들이 작동한다고 볼 수 있는데, 분단을 통해 구성된 심성도 주요한 맥락으로 고려할 필요가 있다. 분단 상황에서 남북한의 경쟁과 개발 논리는 속도에 대한 강력한 지향을 만들어냈고, 이러한 속도는 가치보다 성과를 지향하는 사회를 만들었다. 그리고 다시 성과의 지향은 경쟁을 불러일으켰고, '나만 아니면 돼'라는 구호를 웃음으로 소비할 만큼 경쟁은 우리에게 익숙해졌다. 나만 아니면 된다는 것은 타자에 대한 공감을 가로막고, 나 아니면 남이라는 이분법을 강화시켰다. 그리고 그 남은 나의 이익을 침해하고 경쟁의 상대가 되기 때문에 적이 된다. 적에 대한 강력한 대응이 정당화되어 온 사회적 맥락 속에서 경쟁 상대에 대해서도 그러한 인식을 갖게 하고, 경쟁으로 인해 발생한 상대적 박탈감 역시 공공의 이익을 져버리고 이를 폭력적인 방식으로 표출하게 한다. 이런 상황들로 인해 상대적 약자이면서도 자신의 주요 경쟁상대가 되고 있는 여성을 상대로 폭력이 지속적으로 심화되고 있다고 볼 수 있는 것이다. 더욱이 정보화가 급속도로 진전되고 있는 상황에서 일상적인 차원에서 게임이

25) 위의 글, 26쪽.

나 미디어를 통해 폭력을 접하고, 이를 오락의 수단으로 삼는 상황도 중요한 원인이 되고 있다. 폭력에 대한 감수성이 필요하다는 인식이 확대되는 속도보다 폭력을 일상적으로 접하는 것이 더욱 빠르게 진전되었고, 의식적, 무의식적 차원에서 폭력성에 무감해지면서 현실상황에서 폭력을 행하게 되는 상황이 되었다. 이러한 상황에서 분단을 해소하고 한반도 평화 만들기에서 군사적인 것을 넘어서는 상상력이 더욱 요구된다 하겠다. 우리 사회에 존재하는 수많은 타자들과 소통하고 이들에게 공감하는 심성과 구조를 만들어내는 것이 필요하고, 이는 남북관계에서도 마찬가지라고 볼 수 있다. 그동안 분단 상황에서 북한은 철저한 타자이자 적이었고, 이러한 대상이 화해와 협력의 대상이 된다고 했을 때 어떻게 만날 것인가, 어떻게 평화를 함께 도모할 수 있을 것인가에 대한 고민이 필요하다는 것이다. 이미 우리 사회에 있는 북한 출신 이주민들의 존재 방식을 통해 알 수 있듯, 남북관계의 진전이 사람 사이의 평화를 이루어낸다고 장담하기 어렵기 때문이다. 따라서 한반도의 평화는 우리 안에 있는 폭력과 혐오를 문제제기하고, 이를 함께 전환시키는 것이 우선적 과제라 할 수 있다.

남북관계에서 서로를 적대화하며 서로의 이미지를 구성한 방식에서도 젠더는 작동한다. '남남북녀'로 대표되는 남북한 남성과 여성의 상징화는 남북한 여성 모두를 통제하는 효과를 낳는다. 남한 여성은 남성들이 정의하는 민족성에 자연스럽게 포괄되지 못함으로써 민족성원으로서 주변화된 위치에 놓이고, 북한 여성은 민족성의 담지자가 되는 대가로 남성에 대한 종속을 유지하는 상황에 처하게 된다는 것이다.[26] 남북관계 차원에서도 남한은 스스로를 문명화된 남성주체로서 위치지

---

26) 한설아, 「남북한 민족주의와 여성의 몸」, 『이화여자대학교 여성학과 20주년 기념학술자료집』, 2002, 41~44쪽; 조영주, 앞의 글, 2012.

우며 북한을 여성화된 타자로 간주하면서 자신의 강함과 우월성을 표출해왔고, 동시에 북한은 강성대국론과 핵무장 등으로 자신을 과잉남성화하는 길을 택해 왔다.[27] 이러한 가부장적 두 국가의 서로에 대한 구성과 전략은 결국 젠더를 동원하는 방식을 통해 이루어진다는 점에서 향후 남북관계뿐만 아니라 이를 가능하게 하는 불평등한 젠더관계의 재편을 요구한다 하겠다.

남북관계에서 젠더가 작동하는 방식을 구체적인 현실에서도 나타난다. 2000년 정상회담 이후 활발해진 남북교류협력 과정에서 중요한 부분을 차지한 것은 경제협력 분야이고, 4·27 이후에도 강조되고 있는 것이 남북한 간의 경제협력, 하나의 시장 형성이다. 남북한의 경제협력은 "민족경제의 균형적 발전"을 도모하고, 평화정착을 위한 과정으로서 시도되었고, 최근에는 남북한 모두 경제적 문제를 극복할 수 있는 하나의 방법으로 제시되고 있다. 이러한 접근이 갖는 가능성과 의미는 '북한의 저임금 노동력과 남한 자본의 결합'이라는 논리를 통해 정당화되고 있다. 그런데 여성의 입장에서 이러한 논리는 문제적일 수 있다. 단적으로 개성공단의 예가 그러할 수 있다. 지금은 중단되었지만 1999년부터 논의를 시작하여 2003년 개성공단 개발 착공식을 가진 후 1만여 명이 넘는 북한 노동자가 개성공단사업에 참여하였는데, 이 중 80%가 여성이 차지하였다. 이는 남한의 남성화된 자본과 북한의 여성화된 노동력의 결합이 경제협력의 주요한 내용이자 방식이었다는 점을 잘 보여준다. 한반도 차원에서 성별분업이 이루어질 뿐만 아니라 자본과 노동력 사이의 위계가 형성된 것이다. 이를 고려했을 때, 향후 한반도의 평화 만들기 과정에서 이루어지게 될 경제협력 방식에 대한

27) 김엘리, 앞의 글, 2008, 28~29쪽.

비판적 논의와 성인지적 관점의 개입이 반드시 이루어져야 한다. 나아가 경제협력뿐만 아니라 군사적이고 정치적인 논의의 과정에서도 마찬가지로 여성들의 대표성을 제고하고 성인지적 관점이 반영되는 것이 필요하다.

5. 나오며

4·27 판문점선언 이후 한반도의 평화가 목전에 와있는 것으로 여겨지기도 했으나, 여성들은 평화협정체결만으로 평화가 만들어지는 것은 아니라는 점을 너무 잘 알고 있다. 일상 속에서 경험하는 수많은 폭력과 차별이 제거되지 않은 상태에서 평화란 가능하지 않다. 북한 여성도 마찬가지이다. 때문에 현재 군사적이고 정치적인 것을 중심으로 논의되고 있는 한반도 평화와 관련한 담론과 정책, 운동을 여성의 입장에서 평화주의적 관점으로 평화담론을 새롭게 구성하기 위한 노력이 필요하다. 또한 그동안 분단 상황으로 인해 야기된 여러 폭력과 폭력을 정당화하는 장치들을 드러내고 이를 해체해가는 작업들도 해나가야 한다. 그리고 현재 우리 사회에서 발견되는 젠더폭력과 혐오의 문제가 분단과 어떤 관련성을 갖는지, 변화하는 남북관계 상황에서 어떻게 발현될지에 대한 지점들을 논의하고 대안을 마련해야 한다. 그런 차원에서 이 글은 그동안의 여성들이 제기해왔던 평화와 젠더의 관계를 개략하고, 여성들의 평화를 위한 활동들을 살펴보았다. 그리고 분단 상황에서 젠더가 작동한 방식을 시론적 차원에서 다루고, 우리가 함께 탈분단의 과정을 탐색해가면서 평화를 만드는 노력이 필요함을 제기하였다. 김엘리의 주장처럼 "탈분단을 사유한다는 것은 남북한의

분단만이 아니라 남한 사회의 분단들/경계들 사이에서 일어나는 갈등도 동시에 포착한다는 것을 뜻한다. 그리고 그 틈에서 구조화되는 여러 감정들을 들여다볼 감수성을—평화감수성, 젠더감수성, 인권감수성 등—작동시키는 것"[28]이라고 했을 때, 한반도의 평화를 상상하는 것은 현재 우리를 돌아보는 것에서부터 시작해야 한다고 본다. 한반도에서 평화는 군사적이고 정치적인 것을 넘어 일상에서, 관계에서 평화를 만들어가기 위한 노력들을 통해 만들어갈 수 있고, 나와 우리 안에 내재된 폭력과 차별에 대한 감성과 행동에 민감하게 반응하며 평화와 젠더, 인권에 대한 감수성을 강조하며 실천하는 것을 통해 가능할 것이다.

---

[28] 김엘리, 앞의 글, 2017, 31쪽.

신앙의 이름으로 기억해야 할
조성만의 삶, 그리고 죽음

조성만 죽음의 순교적 의미에 대해

경 동 현

우리신학연구소 연구실장

신앙의 이름으로 기억해야 할 조성만의 삶, 그리고 죽음
조성만 죽음의 순교적 의미에 대해

1. 들어가며

2017년 열렸던 5·18 민주화운동 추모행사는 문재인 정부가 들어서고 처음 열렸던 공식 외부행사였다. 대통령이 되어 망월동 묘역을 방문한 문 대통령은 기념사에서 '조성만'의 이름을 불렀다. 광주민주화운동의 진상규명을 위해 몸을 던져 싸운 4명의 열사 중 한 명으로 호명한 것이다.

> 1988년 '광주학살 진상규명'을 외치며 명동성당 교육관 4층에서 투신 사망한 스물네 살, 서울대생 조성만[1]

조성만은 1988년 5월 15일 명동성당 교육관 옥상에서 '한반도 통일, 미군 철수, 군사정권 반대, 올림픽 남북 공동개최'를 외치며 투신해 스스로 목숨을 끊었다. 서울대학교 화학과 학생이던 그는 명동성당 청년

---

[1] 문재인 대통령, 「5·18 민주화운동 37주년 기념사」(2017. 5. 18)
출처 http://www1.president.go.kr/articles/31

연합회 소속 가톨릭민속연구회에서 활동했다. 1987년 6월 항쟁 시기에 반독재 투쟁에 참여했고, 그해 12월 대선에서 부정선거 논란이 크게 있었던 구로구청에서 투표함을 지키기 위해 마지막까지 저항하기도 했다. 2018년은 그가 떠난 지 30년이 되는 해이다.

고등학생이던 조성만에게 세례를 주었던 전주교구 문정현 신부는 훗날 기억하기를 "내가 그에게 영세를 주었지만, 그는 나의 신앙의 스승"이라고 고백했다. 문정현 신부가 그의 동생 문규현 신부와 함께 통일운동에 뛰어들고, 매향리, 대추리, 용산참사, 강정 해군기지 현장을 찾게 된 출발점이 조성만이었다는 것이다. 이런 점에서 조성만이 천주교 통일·평화운동에 끼친 영향은 매우 크다고 볼 수 있다. 1989년 8월 방북한 임수경 씨를 데리고 휴전선 북쪽에서 판문점을 통해 걸어 내려와 구속, 수감된 문규현 신부가 감옥 안에서 쓴 시를 보면 조성만의 흔적이 짙게 배어 있음을 알 수 있다.

> 통일 염원 44년 8월 15일 오후 2시 22분
> 수경이의 손을 잡고
> 분단의 장벽을 넘어서는 순간
> 가장 먼저 떠오르는 얼굴
> 조성만
> ─ 『분단의 장벽을 넘어서』(두리, 1990) 머리글에서

30년 전과 오늘의 한국사회를 비교하면, 마치 다른 시공간에 놓인 행성 같은 느낌이다. 그때는 우리 사회에서 힘없이 쫓겨난 철거민들, 노동자들, 청년 학생들이 명동성당에 너절한 천막을 치고, 자신들의 목소리를 내는 일이 가능했다. 교회의 어른은 이 가난한 이들을 맞이했고, 만족스럽지는 않더라도 교회는 예수를 조금은 닮은 듯이 보였

다. 오늘의 명동성당에 견주어 보자면 참, 전설 같은 일이다. 지금은 누구도 교회 안에서 조성만을 아는 체하지 않는다. 조성만과 함께 활동했던, 이제는 중년이 된 이들이 '가톨릭평화공동체'라는 이름으로, 해마다 기일이 되면 추모미사와 광주 망월동 묘역 참배를 한다. 10주기, 20주기에는 단행본과 평전도 발간했고, 2018년에도 여지없이 30주기를 맞아 다양한 기억의 자리들을 마련했다.

조성만의 헌신적 삶은 2017년 5 · 18 민주화운동 기념식에서 문재인 대통령의 연설에서 거론되면서, 국가적 차원에서 어느 정도 인정된 셈이다. 그렇다면 교회는 그의 희생을 어떻게 기억하는가? 여기서는 교회가 조성만을 자살한 죄인으로 대했던 과거를 돌아보면서, 낡고 경직된 자살 교리의 옷을 벗고, 그의 죽음이 지닌 순교적 의미에 대해 살펴보고자 한다. 그의 죽음에 대한 이러한 해석은 프란치스코 교황이 기존의 시복시성의 요건인 순교와 영웅적 덕행에 더해 '목숨을 내놓는 것'을 추가하면서, 남을 위해 희생한 의인도 성인으로 추대하겠다는 견해를 밝힌 자의교서 『이보다 더 큰 사랑(Maiorem hac dilectionem)』[2]의 관점과 맥이 닿아 있는 것이다. 조성만의 삶과 죽음의 의미를 신앙의 이름으로 기억한다는 것은 삶보다는 죽음에 강조점을 두었던 한국교회의 순교자 현양사업과 시복시성 운동에 새로운 기운을 넣어 줄 수 있는 기폭제의 역할을 할 수 있다는 점에서도 그 의의를 찾아볼 수 있겠다.

---

[2] 프란치스코 교황, 「이보다 더 큰 사랑(Maiorem Hac Dilectionem)」, 『가톨릭교회의 가르침』 제57호, 한국천주교중앙협의회, 2018.

2. 의로운 희생인가 교리에 어긋나는 죄인가?

사제를 꿈꾸던 조성만이 통일을 갈망하며 남긴 유서에는 그의 희생이 신앙과 동떨어져 있지 않음을 엿볼 수 있는 흔적이 곳곳에 담겨 있다.

　† 성부와 성자와 성신의 이름으로 아멘.
　척박한 땅, 한반도에서 태어나 인간을 사랑하고자 했던 한 인간이 조국통일을 염원하며 이 글을 드립니다.
　한반도의 통일은 그 어느 누구에 의해서도 막아져서는 안 됩니다.
　조국이 분단된 지 어언 44년, …… 이 땅의 주인인 민중들은, 어느 한 구석 성한 곳 없는 사회에서, 민족의 바람인 조국의 독립과 통일을 이야기만 해도 역적으로 몰려 세상에서 삶을 뿌리 뽑힌 채 갈수록 비인간화되는 모습으로 치닫고 있습니다. ……
　도대체 누가 반민족적이고 도대체 누가 애국하는 사람인지 구별하지 못하는 현실, 우리는 아무 거리낌 없이 민족의 동질성을 찾아야 합니다. 그랬을 때만이 진정한 통일은 이루어질 수 있으며 한 민족이 함께 어우러지는 세상에서 평화를 맞이할 수 있을 것입니다.
　…… 찢어진 우리나라를 하나 되게 해야 합니다. 진정한 언론자유의 활성화, 노동 형제들의 민중생존권 싸움, 농민 형제들의 뿌리 뽑힌 삶의 회복, 민족교육의 활성화, 등등 이루 헤아릴 수 없는 무수한 문제를 쌓아놓고 있는 현실 속에서 지금 이 순간에도 무수한 우리의 형제들이 고통받고 있다는 현실은 차분한 삶을 살아가고자 하는 인간에게 더 이상의 자책만을 계속하게 할 수는 없었으며, 기성세대에 대한 처절한 반항과, 우리 후손에게 자랑스러운 조국을 남겨주어야 한다는 의무감만을 깊게 간직하게 했습니다.
　지금 이 순간에도 떠오른 아버님, 어머님 얼굴 차마 떠날 수 없는 길을 떠나고자 하는 순간에 척박한 팔레스티나에 목수의 아들로 태어난 한 인간이 고행 전에 느낀 마음을 알 것도 같습니다.[3]

분단된 한반도의 그리스도인으로서 민족을 위해 목숨까지 내어놓으며 통일을 부르짖은 그의 희생을 한국사회는 민주화 운동을 위한 고귀한 죽음으로 기억한다. 하지만 지금까지 제도교회가 조성만을 대하는 모습은 추모라기보다는 홀대라고 평가하는 게 맞다. 그의 죽음은 교회 안팎에 큰 파문을 던졌다. 그를 자살자로 규정한 일부 인사들은 그의 주검을 교회에 받아들일 수 있는지 고심했고, 그를 보내는 마지막 길의 장례 절차에 대해 설왕설래가 있었다. 1988년 5월 16일 그가 죽은 지 하루가 지나 꾸려진 '조성만열사민주국민장 장례위원회'에서 문익환 목사와 함께 공동대표를 맡은 최효성 명동성당 청년단체연합회장은 장례미사를 협의하기 위해 주임신부를 찾아갔다. 하지만 그 자리에서 자살자에 대한 장례미사는 교회법에 어긋난다는 이유로 거부당했다. 결국 장례미사를 대신해 성당 입구에서 사도예절 형식으로 장례절차가 진행됐다.[4]

시청 광장에서 노제를 치르고 그의 고향 전주에 가서 치른 장례식도 기억해야 할 장면이다. 조성만의 모교 해성고에서 장례식을 앞두었는데, 전주교구에서 문정현 신부에게 장례미사를 하지 말라는 전갈이 왔다. 문 신부는 장례미사를 고집했지만, 교구는 단호했다. 문 신부는 정말 장례미사를 하려면 사제복을 벗고 하라는 답을 들어야 했다. 여기서 한 가지 덧붙일 사실은 몇 년 후, 1979년 12·12 사태 때 특전사 사령관으로 감금되었던 정병주 씨가 자살하는 일이 있었다. 그는 명동성당 신자였는데, 이때 명동성당 주임신부는 자살자인 그의 장례를 정식 미사로 집전했다. 조성만 때와는 다른 결정이었다.[5]

3) 10주기 추모사업위원회, 『누군들 죽음이 두렵지 않으랴-조성만의 죽음과 정치적 순교』, 도서출판 공동선, 1998, 163~166쪽.
4) 송기역, 『사랑 때문이다-요셉 조성만 평전』, 오마이북, 2011, 326쪽.

3. 자기 살해에 대한 경직된 교리를 성찰하며

교회는 '살인하지 말라'는 교리를 가르친다. 이 교리가 자살과도 연결되는 것은 일찍부터 자살이 자기 살해의 관점에서 해석되었기 때문이다. 이런 자살 반대 교리 탓에 자살자들의 장례미사가 거부될 때가 많았다. 제2차 비티칸공의회 이전의 교회법에서는 이를 분명히 규정하고 있었지만, 공의회 이후 1983년 새로 개정된 교회법에서는 자살에 대한 교회 장례 금지 및 교회 묘지에의 매장 금지에 관한 규정이 완전히 삭제되었다. 교회법 1184조의 교회 장례식에 관한 규정과 장례미사에 관한 규정은 다음과 같다.[6]

> 제1184조
>   ① 죽기 전에 어떤 참회의 표시가 없는 한 교회의 장례식이 박탈되어야 할 자는 다음과 같다.
>   1. 공공연한 배교자들과 이단자들 및 이교자들.
>   2. 그리스도교 신앙을 반대하는 이유로 자기 몸의 화장을 선택한 자들.
>   3. 신자들의 공개적 추문이 없이는 교회의 장례식을 허가해 줄 수 없는 그 밖의 분명한 죄인들.
>   ② 어떤 의문이 생기면, 교구 직권자에게 문의하여 그 판단을 따라야 한다.
>
> 제1185조 교회의 장례식에서 제외된 자에게는 어떠한 장례 미사도 거부되어야 한다.

---

5) 송기역, 위의 책, 326~327쪽.
6) 교황청, 『교회법전 라틴어-한국어 대역(수정판)』, 한국천주교중앙협의회, 2011, 605쪽.

이상에서 보듯이 새 교회법에서는 자살자에 대한 명문 규정이 삭제되어 있다. 이는 공의회 이후 가톨릭교회가 더욱 보편적 교회로 성숙하기 위한 노력이 반영된 결과로 볼 수 있다. 그리하여 교회법에서는 자살에 대해 다양한 문화적 배경을 가진 견해까지도 경청하려 했으며, 인간을 판단하기에 앞서 인간을 사랑하고 이해하려는 자세에 입각하고자 해서 이 금지규정을 삭제한 것으로 여겨진다.[7] 하지만 교회법 조항의 변화와 관계없이 자살자를 단죄하는 교회 내의 인식은 30년이 지난 오늘날까지도 큰 변화가 없는 것이 현실이다.

나아가 오늘날 자살에 더 주목해야 하는 이유는 한국사회에서 가장 많이 발생하는 살인 행위가 바로 자살이기 때문이다. 2016년 통계에 따르면 자살은 전체 사망원인에서 다섯 번째로 높은 비중을 차지한다. 10대에서 30대 사망원인으로 자살이 가장 높다는 사실도 주목할 필요가 있다.

프랑스 사회학자 에밀 뒤르켐(E. Durkheim 1858~1917)의 『자살론』(1897sus)[8]은 현대사회가 병들었다는 점을 실증적으로 보여주고, 이러한 병리현상의 기본 원인이 무엇인지를 밝히려한 시도다. 자살에 대한 사회학적 진단과 처방을 제시하기에 앞서 뒤르켐은 "자살"을 우선 정의하고, 사회통합과 사회규제라는 사회학적 변수를 두 축으로 삼아 자살을 세 가지 유형으로 분류하였다. 첫 번째 유형은 "이기적 자살"로 이는 사회에 속한 개인이 그 사회에 제대로 통합되지 못한데서 나타나는 현상이다. 두 번째 유형의 자살은 "이타적 자살"로 어떤 사회적 명분이나 목적에 자신을 희생시키는 현상이다. 이타적 자살은 다시 세

---

7) 조광, 「이타적 죽음에 대한 우리의 심성」, 『누군들 죽음이 두렵지 않으랴—조성만의 죽음과 정치적 순교』, 도서출판 공동선, 1998, 50~51쪽.
8) 에밀 뒤르켐, 황보종우 역, 『자살론』, 청아출판사, 2008.

가지 유형으로 구분된다. "의무적인 이타적 자살", "자발적인 이타적 자살", "극심한 이타적 자살"이 그것이다. "의무적인 이타적 자살"은 사회의 강제성이 강한 유형으로 과거 힌두교의 사티제도(과부의 화형식), 가미가제 특공대, 이슬람의 자살폭탄 등이 해당된다. "자발적인 이타적 자살"은 사회적 강제보다는 보다 자발적으로 이뤄지는 자살유형이다. 자신을 희생해 다른 사람의 목숨을 구하는 경우가 여기에 해당한다. 명동청년연합회가 조성만의 죽음을 '순교'로 해석한 경우가 이와 연결된다고 볼 수 있겠다. "극심한 이타적 자살"은 특별한 이유 없이 자기부정 자체가 찬양되기 때문에 희생 그 자체의 기쁨을 위해 범하는 자살이다. 마지막으로 세 번째 유형의 자살은 '아노미성 자살'이다. 이 유형은 뒤르켐이 현대사회가 문명적으로 병들어있다는 사실을 보여주기 위해 가장 강조하고자 했던 유형이다. 뒤르켐은 아노미적 자살이 일상적 삶 속에서 개인의 기대와 욕망에 대한 현실적인 제한을 적절하게 규제해주는 공동체적 규칙이 무너질 때 일어난다고 보았다.[9] 이러한 뒤르켐의 연구는 자살의 사회적 원인을 해석하는 데 많은 시사점을 준다.

그렇다면 그리스도교가 자살에 대해 적대적인 이유는 무엇일까? 분명한 것은 성서의 '살인 금령'에는 자살 문제가 거의 고려되지 않았다는 점이다. 가령 예수는 예루살렘으로 향하면서 제자들에게 자신이 죽임당할 것을 세 번이나 예고했다.(마르 8,31; 9,31; 10,33~34) 자살이 죽음을 향해 스스로 나아간다는 의미로 이해한다면, 이는 일종의 자살 행위로 해석될 여지가 다분하다. 이로 인해 예수 운동은 처음부터 무수한 순교자들과 더불어 성장했는데, 순교자 신앙은 권력에 의한 타살

---

9) 에밀 뒤르켐, 황보종우 역, 위의 책, 229~238쪽.

을 자발적 죽음으로 해석하는, 일종의 '자살의 영성'으로 이해되곤 했다. 성서는 이런 자살이나 자살로 해석되는 행위를 살인 금령으로 이해하지 않았다.

자살을 살인으로 해석해 자살 자체를 '잘못된 행위'로 비판했던 대표적인 그리스도교 지도자는 5세기 교부 아우구스티누스(354~430)다. 그는 인간에게 자살할 권리가 없음을 강변했다. 그가 자살을 비난한 맥락은 신학적이라기보다는 정치적이다. 당시 아프리카에서는 카르타고를 중심으로 하는 도나투스파 교회들이 로마 교회와 대립했는데, 이는 이 지역의 반로마 기조와 결합하여 열렬한 대중운동으로 번져나갔다. 요건대 이른바 도나투스 논쟁의 내막에는 로마에 의해 혹독하게 착취당했던 카르타고를 중심으로 하는 북아프리카 지역 대중의 반로마 감정이 깔렸다. 당시 열광적 도나투스파 사제들은 순교를 불사한 반로마 항쟁을 부추겼고, 무수한 대중이 이에 열렬히 호응했다. 이 운동은 일종의 천년왕국운동의 양상을 띠면서 격렬하고 폭력적인 저항적 테러 행위를 동반했다. 반면, 아프리카 출신이지만 로마 황제와 로마 교회 편에 섰던 아우구스티누스는 도나투스파 사제들이 주장한 순교를 자살이라고 격하했고, 자살은 신이 인간에게 부여한 권리가 아니므로 결코 신의 구원을 받을 수 없다고 반박했다.

로마 제국과 교회는 도나투스 운동과 그 대중을 무자비하게 학살했다. 그리고 그들의 신학과 신앙을 다시는 존립할 수 없을 만큼 철저히 파괴했다. 이는 도나투스파의 종말을 의미했지만, 그것이 이 지역의 가톨릭화를 의미하지는 않았다. 대중은 빠르게 그리스도교에서 이탈해 불과 두 세기 만에 모두 이슬람화했다. 이 과정에서 아우구스티누스의 자살 반대론은 도나투스주의에 대한 이론적 공격의 의미를 넘어 신학적 일반론으로 격상되었다. 이제 자살 문제는 자기 살인으로 해석되었고, 자살자는 교회로부터 아무런 보호도 받을 수 없게 되었다.

자살 반대 교리가 탄생한 이러한 정치적 맥락에 비추어볼 때, 이 교리는 성찰적으로 재해석되기도 전에 교리적 권위를 부여받았다고 볼 수 있다. 이로 인해 경직된 자살 금지 교리는 자살자를 추모 의례의 대상에서 제외했고, 나아가 자살한 시신을 훼손하고 유가족들의 재산을 몰수하는 관행을 수반하는 교회 폭력의 신학적 알리바이가 되었다. 그 결과 교회는 자살이 일어나는 사회적 현실을 돌아보지 않게 되었고, 사회 전체가 자살한 사람들의 고통, 자살할 만큼 극한의 고통에 시달리는 대중의 고통을 대면하지 못하게 만들었다. 자살이 사회적 타살로 받아들여지는 오늘날, 자살이 과연 옳은 선택인지 아닌지를 두고 갑론을박하는 것이 얼마나 무의미한 일인지를 우리는 알아야 한다. 교회와 신학은 낡고 경직된 자살 교리의 옷을 벗고 사회를 직시하면서 자살을 이해함으로써 이를 재해석할 필요가 있다.

4. 천주교 통일·평화운동의 씨앗, 조성만

천주교 통일운동 혹은 평화운동을 다룰 때 문정현, 문규현 신부를 빼놓을 수 없다. 앞에서도 밝혔듯이 이 두 신부가 통일·평화운동에 뛰어든 출발점이 조성만이었다는 사실을 기억할 필요가 있다. 양심수 석방, 광주학살 진상규명과 책임자 처벌, 남북 공동올림픽 개최를 주장한 그의 외침은 당시 한국사회와 정국 전반에 심대한 파장을 미쳤을 뿐 아니라, 이후 평신도 통일운동의 기폭제로 작용했다. '통일 지향적 민족교회운동'의 맥락에서 볼 때, 조성만 이후 전개된 천주교운동은 해방 후 가장 큰 규모의 천주교 통일운동이자 평화운동이었으며, 이

운동이 천주교 사회운동 내에 확고하게 뿌리내리는 데 결정적인 계기로 작용했음이 분명하다.[10]

1992년 춘계주교회의에서 '민족의 화해와 일치를 위한 기도'가 공식화되기까지 한국교회의 입장은 남한교회 주도의 북한교회 재건과 반공주의 혹은 흡수통일의 입장이었다. 1965년에 주교회의가 채택한 '침묵의 교회를 위한 기도'가 1992년까지 27년간이나 지속되었다는 사실이 이러한 입장을 대표적으로 보여준다. 조성만의 죽음을 전후로 북한 선교나 교회재건과 결을 달리해 민족의 화해와 일치의 관점에서 등장한 이른바 '민족교회운동'은 교계 제도의 주변부에 위치한 일부 사제와 평신도에 의해 주도되었으며, 1988년과 1989년에 걸쳐 절정에 이르렀다. 이러한 움직임은 이미 수년 전부터 계속된 준비와 축적의 과정이 하나의 결실을 맺었다고 볼 수 있다. 가령 명청은 1983년부터 매년 열린 '청년대회'의 일환으로 개최된 일련의 심포지엄을 통해 세계교회사와 제2차바티칸공의회, 천주교 사회운동과 청년사도직운동 등 다양한 주제들을 다루는 가운데 교회와 사회에 관한 인식을 심화시켜왔다. 명청은 그 첫 번째 심포지엄에서 이미 민족교회사의 관점에서 한국교회사를 재해석하려고 시도했으며, 해방 이후의 한국교회를 '분단시대의 교회'로 파악하고 있었다.[11] 1986년 11월에는 가톨릭농민회가 창립 20주년 기념대회에 맞춰 발표한 '농민해방과 민족통일을 위하여'라는 선언문에서 향후 활동 지향을 '(농민)해방'과 '(민족)통일'로 정리한 바 있다.[12] 천주교 사회운동 그룹은 조성만의 사후 100일과 1주기를 맞아 통일운

10) 강인철, 「종교와 통일운동: 한국천주교의 사례」, 『종교문화연구』 창간호, 한신대학교, 1999, 52쪽.
11) 명동천주교회 청년단체연합회 편, 『교회와 민족』, 햇빛출판사, 1988, 제3장.
12) 북한선교위원회 편, 『한국천주교 통일사목 자료집 (1)』, 사람과 사람, 1992, 138~142쪽.

동을 지속적으로 조직화하고 다져 나갔다. 특히 명청은 1주기 추모제를 준비하면서 그의 죽음은 '우리 민족의 거듭남을 촉구하는 신앙적 결단'이며, '그간 내적으로 축적되어 온 가톨릭 청년운동의 역사성 속에서 그리스도의 정의를 이 땅에 실현하여 자주, 민주, 통일된 조국을 건설하려는 움직임의 응집체 내지 상징'인 것으로 해석하였다.[13] 이러한 상태에서 조성만 1주기 추모행사 직후에 정의구현사제단이 제시한 "민족통일을 위한 우리의 기도와 선언"의 논리는 평신도 활동가들에게 매우 자연스럽고 익숙하게 수용될 수 있었고, 사제단의 방북과 구속으로 촉발된 상황전개는 이러한 논리를 실천에 옮길 좋은 무대를 제공해 준 셈이다.[14]

이러한 일련의 상황전개는 제도교회의 그것에도 영향을 미쳤다. 먼저 북한선교위원회는 1989년 10월 제44차 세계성체대회 공식행사의 일환으로 처음 이루어진 비무장지대 내 도라산전망대에서의 '평화통일 기원미사'를 이후 매년 같은 장소에서 개최하게 된다. 중요한 점은 이 미사의 지향이 민족의 화해와 일치 그리고 평화통일을 기원하는 것이고, 미사의 중점이 분단의 죄책을 고백하고 화해와 용서를 구하는 참회예절에 맞추어져 있다는 점이다.[15] 이러한 태도의 변화는 분단의 책임을 북한 정권에게 일방적으로 전가하거나, 북에 거주하는 신자들과 그들의 공동체를 무시하고 의심하거나, 남한교회의 발전상을 과시하거나 하는 승리주의적이고 정복주의적인 태도와는 거리가 먼 것일 수밖에 없다. 북선위의 두 번째 시도는 1991년 9월에 열린 3차 '평화통일

<hr>

13) 통일열사 고 조성만(요셉) 1주기 추모사업준비위원회 편,『분단의 넋이여! 통일의 동틈이여!』, 서울: 동 위원회, 1989, 110~111쪽.
14) 강인철, 앞의 글, 52쪽.
15) 변진흥,「남북한 종교교류의 전개과정」,『한국사회와 복음선교』, 빅벨, 1994, 423~424쪽.

기원미사'에서 발표한 대북 제의 5개항이었다. 이 제의의 내용은 ①북한 교회 신학생 양성 요청 시 적극 지원, ② 남북 신자 공동 참회예절, ③ 남북한 합동 성지순례, ④ 예수 부활 대축일 등 3대 대축일과 평화통일 기원미사 합동 봉헌, ⑤ 60세 이상 이산가족 신자 고향방문 실시 등이었다.[16] 이 제의는 북한 당국 및 조선천주교인협회와의 직접적인 대화에 소극적이던 1980년대에 비해 변화된 북선위의 입장을 보여주고 있다. 북선위와 주교회의에 의한 세 번째 의미있는 조치는 앞서도 언급한 1992년 3월 '침묵의 교회를 위한 기도의 날'을 '민족의 화해와 일치를 위한 기도의 날'로 변경하고 북한 선교의 패러다임을 "분단된 민족의 화해와 일치를 위한 형제적 나눔을 실현하면서 민족의 평화통일을 대비하여 북한교회의 부흥과 북한동포의 복음화를 위한 사목적 역량을 갖추는 교회의 활동"으로 전환한 것이다.[17]

정의구현사제단의 연례 통일염원 미사는 평신도를 중심으로 한 천주교 사회운동 관련 단체들의 적극적인 참여와 협력 속에 행해졌는데, 1990년대 초에 진행된 북선위와 주교회의 차원의 일련의 전향적 변화를 수용하여 1993년부터 별도의 통일염원 미사를 치르지 않고 북선위와 함께 평화통일기원미사를 봉헌하기로 결정했다. 이러한 변화는 단순히 주교회의 산하 기구와 비공인단체간의 협력이라는 차원을 뛰어넘는, 천주교 통일운동사의 큰 전환점이 된 사건이라고 말해야 한다.[18]

16) 변진흥, 위의 글, 424쪽.
17) 변진흥, 위의 글, 424쪽.
18) 강인철, 앞의 글, 57쪽.

5. 신앙의 이름으로 기억해야 할 조성만의 죽음

프란치스코 교황은 2017년 7월 11일 자의교서『이보다 더 큰 사랑 (Maiorem hac dilectionem)』을 발표하여, 기존의 시복시성의 요건인 순교와 영웅적 덕행에 더해 '목숨을 내놓는 것'을 추가했다. 앞으로 남을 위해 희생한 의인도 성인으로 추대하겠다는 견해를 밝힌 것이다. "다른 이들을 위하여 자신의 목숨을 자발적으로 자유로이 내놓으며 죽음에 이르기까지 이러한 결심을 지키는 그리스도인들은 특별한 관심과 존경"을 받을 만하다고 밝힌 이 교서는 사랑의 극한 행위를 위해 자발적으로 자신의 목숨을 걸고 헌신하다가 죽은 이도 교회가 공적으로 기억하고 공경할 수 있는 길을 열어 놓았다. 자의교서의 핵심에 해당하는 1조와 2조, 4조의 내용은 다음과 같다.

제1조 목숨을 내놓는 것은 순교와 영웅적 덕행에 근거한 안건들과 구별되어, 시복 시성 절차에 대한 새 안건이 된다.

제2조 목숨을 내놓는 것이 하느님의 종의 시복을 위하여 타당하고 유효하려면 다음의 기준에 부합하여야 한다.
　가) 자유로이 자발적으로 목숨을 내놓는 것, 그리고 사랑 때문에 (propter caritatem) 확실하고 때 이른 죽음을 영웅적으로 받아들이는 것.
　나) 목숨을 내놓는 것과 이른 죽음 사이의 연관성.
　다) 목숨을 내놓기에 앞서, 그리고 죽음에 이르기까지 한결같이 적어도 일반적 수준으로 그리스도인의 덕행을 실천함.
　라) 죽은 뒤에도 성덕과 전구 능력의 명성이 존재함.
　마) 하느님의 종이 죽은 뒤에 그의 전구로 일어난 기적이 시복을 위하여 필요함.

제4조 목숨을 내놓는 것에 관한 심문 요항은 다음과 같은 의혹을 해명하여야 한다. 사랑 때문에, 적어도 일반적 수준의 그리스도교 덕행으로써, 죽음에 이르기까지 목숨을 영웅적으로 내놓은 것이 행위의 목적에 상응하는지가 사안에서 입증되어야 한다.[19)

사회와 이웃을 위한 신앙인의 의로운 죽음에 대한 프란치스코 교황의 관심은 로메로 대주교의 시성 추진과정에서도 엿볼 수 있다. 교황은 재위 이듬해인 2014년부터 남미 엘살바도르의 독재정권에 항거하다 숨진 오스카 로메로 대주교를 성인의 전 단계인 복자로 선포하겠다고 밝히는 등 시복시성에서 사회적 가치를 중시해왔다. 로메로 주교의 성인추대 움직임은 이미 1990년부터 시작되어 1997년 시복시성의 첫 단계인 '주님의 종(Servi di Dio)'으로 인정받았지만, 바티칸 보수파의 반대로 지지부진하여 큰 진전이 없었다. 하지만 프란치스코 교황이 그의 죽음을 정치적 이유가 아닌 '신앙' 때문이라고 밝히면서 시복시성 작업이 재개되었다. 로메로 대주교의 시복시성 과정에서 확인되었듯이, 자의교서『이보다 더 큰 사랑』은 교황 개인의 해석을 넘어 교회 차원에서 새로운 시성 기준을 마련했다는 점에서 깊은 의미가 있다. 다시 말해 '타인을 위한 희생' 역시 거룩한 그리스도 신앙의 가치임을 인정하고, 종교적 의미뿐 아니라 사회적 가치도 중시하겠다는 뜻이 담겨 있는 것으로 수백 년 가톨릭 시성 역사에 중대한 변화를 만들어낼 것으로 보인다.

한 가지 다행스러운 일은 조성만 30주기를 지내는 추모미사가 명동대성당에서는 처음으로 서울대교구 사회사목 담당 교구장 대리주교의 주례로 열렸다는 점이다. 그동안 자살을 이유로 추모를 꺼려왔던 제도

---

19) 프란치스코 교황, 앞의 글, 7~8쪽.

교회의 모습에 비추어 볼 때 이번 명동성당에서의 추모미사는 진전된 변화로 볼 수 있다.[20] 1999년부터 매년 5월이면 천주교 사회운동 단체들은 "천주교 열사 합동추모미사"를 드려왔다. 문재인 대통령이 언급한 조성만 열사를 비롯해 천주교 열사 19명의 삶과 죽음을 기억하는 자리다. 2017년 이후로 추모의 의미를 교회로 좀 더 확장하기 위해 위령성월인 11월로 옮겨 추모미사를 드리는데, 교서 발표 소식을 듣고 문득 추모미사를 9월 순교자성월로 옮기는 것이 어떨까 하는 생각이 들었다. 복자 오스카 로메로와 마찬가지로 19명의 천주교 열사들은 신앙적 동기로 의로운 죽음을 맞은 이들이기 때문이다. 무엇보다 삶보다는 죽음에 강조점을 두는 오늘 한국 교회의 순교자 현양사업과 시복시성 운동에 천주교 열사의 삶을 기억하는 추모행사가 새로운 기운을 넣어줄 수 있지 않을까 하는 기대 때문이다.

통일을 염원한 조성만 열사는 분단이라는 죽음의 질서를 넘어서려고 스스로 산화했다. 그의 바람처럼 2018년 판문점과 싱가포르를 거치면서 만들어낸 한반도 평화 기운이 분단의 질곡을 끊고, 평화로 향하는 소중한 결실로 이어지길 기대한다.

---

[20] 이 미사는 추모사업위원회가 서울대교구 사회사목 담당 교구장 대리주교인 유경촌 주교에게 공식 요청하는 과정에서 기존 교구 사회사목부에서 매월 진행해오던 "사회적 약자와 함께하는 미사"에 조성만 30주기와 민주화를 위해 헌신한 분들을 위한 추모 지향을 두면서 성사되었다. 추모미사 강론에서 유경촌 주교는 두 가지 면에서 조성만의 삶을 기억했다. 첫째는 고민이 시대와 민족의 아픔을 온전히 자기 것으로 삼고 살고자 애쓴 모습에서, 둘째는 예수님을 따르기 위한 고뇌와 자기 성찰을 잃지 않고 스스로 청빈을 선택하고 성경을 묵상하며 기도했다는 점에서 조성만의 삶은 남아 있는 우리들에게 여전히 하나의 도전이라고 말했다.

▣ 참고문헌

10주기 추모사업위원회,『누군들 죽음이 두렵지 않으랴-조성만의 죽음과 정치
　　적 순교』, 도서출판 공동선, 1998.

강석진, 「순교영성'인가 '순교자영성'인가?」,『가톨릭평론』11호, 우리신학연구
　　소, 2017.

강인철, 「종교와 통일운동: 한국천주교의 사례」,『종교문화연구』창간호, 한신대
　　학교, 1999.

김진호 외,『가장 많이 알고 있음에도 가장 숙고되지 못한 '십계'에 대한 인문학
　　적 고찰』, 글항아리, 2018.

명동천주교회 청년단체연합회 편,『교회와 민족』, 햇빛출판사, 1988.

박동호, 「5.18 광주민중항쟁과 교회의 길」,『신학전망』185호, 광주가톨릭대학교,
　　2014.

변진흥, 「남북한 종교교류의 전개과정」,『한국사회와 복음선교』, 빅벨, 1994.

북한선교위원회 편,『한국천주교 통일사목 자료집 (1)』, 사람과 사람, 1992.

송기역,『사랑 때문이다-요셉 조성만 평전』, 오마이북, 2011.

심현주, 「한국사회의 자살: 윤리적 문제」,『생명연구』생명문화 총서 11집, 서강
　　대학교 생명문화연구소, 2009.

에밀 뒤르켐, 황보종우 역,『자살론』, 청아출판사, 2008.

프란치스코 교황, 「이보다 더 큰 사랑(Maiorem Hac Dilectionem)」,『가톨릭교회의
　　가르침』제57호, 한국천주교중앙협의회, 2018.

프란치스코 교황,『기뻐하고 즐거워하여라(Gaudete et Exsultate)』, 한국천주교중
　　앙협의회, 2018.

유경촌 주교, 「조성만 30주기와 민주화를 위해 헌신한 분들을 위한 미사 강론」,
　　명동대성당, 2018.5.31.

문재인, 「5·18 민주화운동 37주년 기념사」, 2017.5.18.
　　http://www1.president.go.kr/articles/31

신앙의 이름으로 기억해야 할 조성만의 삶, 그리고 죽음　121

미중 패권 경쟁과 북미 관계

부시 행정부에서 트럼프 행정부 시기를 중심으로

이 원 영

서울대학교 한국정치연구소

미중 패권 경쟁과 북미 관계*
부시 행정부에서 트럼프 행정부 시기를 중심으로

1. 서론

미국의 트럼프 대통령은 취임 이후 오바마 대통령 시기 대북정책이었던 '전략적 인내'(Strategic Patience)를 비판하면서 '최대한의 압박과 관여'(Maximum Pressure and Engagement)를 천명했다. 이에 대해 북한은 사거리를 확장한 미사일 발사를 지속하였고, 2017년 9월 3일에는 6차 핵실험을 감행하는 등 군사적 도발을 통해 저항했다. 이 과정에서 미국은 북한에 대한 군사 작전 검토를 시사하는 등 2017년의 한반도는 최고조의 군사적 긴장에 휩싸였다. 그러나 2018년에 들어와 남북 관계 개선과 더불어 북미 관계 개선이 시작되어 세 차례 남북 정상회담이 열렸으며, 지난 6월의 북미 정상회담에 이어 내년 제2차 북미 정상회담이 열릴 것으로 예측된다. 그런데 같은 시기에 미국은 중국에 대해서는 무역전쟁을 위시하여 대대적으로 압박을 강화하고 있다. 그렇다

* 이 논문은 학술지 『국가안보와 전략』 제18권 제4호, 2018 겨울호에 게재된 논문이다. 따라서 이 글에 나오는 올해나 내년이란 표현은 2018년을 기준으로 쓰여진 것이다. 이 논문을 통일열사 조성만 30주기 추모 책자에 게재할 수 있도록 허락해준 『국가안보와 전략』 편집진에 감사드린다.

면 미국은 중국에 대해 대대적인 압박을 가하여 대립과 갈등을 겪고 있는 상황에서 북한과는 왜 관계 개선에 나서게 되었을까? 시기를 더 거슬러 올라가 과거 미중 관계와 북미 관계를 살펴보면 중국과 협력 관계였던 부시 행정부에서는 북한에 대한 일방주의적 압박을 강화했고, 중국에 대한 재균형 정책을 펼쳤던 오바마 행정부에서는 북한에 대해 소위 '전략적 인내'를 천명하면서 실질적으로 북핵 문제 해결을 국제 제재에 의존하고 있었으며, 트럼프 행정부에서는 중국에 대한 압박을 강화하면서 북한과는 정상회담을 했다. 즉 미국은 중국에 대해 협력에서 재균형을 거쳐 압박으로 정책적 변화를 거쳤는데, 북한과는 압박에서 협상이라는 정책적 변화가 있었다. 그렇다면 미중 관계와 북미 관계는 서로 연관되어 변화한 것이라 볼 수 있을까? 그렇지 않고 트럼프 대통령 개인의 독특한 리더십 때문이라면 국제체계의 구조적 제약과 그것은 어떤 연관이 있을까?

본 연구에서는 국제체계의 단극 구조(unipolar structure)에서 도전국으로 간주되고 있는 중국의 부상을 저지해야 구조적 압력하에 놓여 있는 미국의 전략적 선택으로, 중국의 동맹인 북한과의 관계 개선이라는 정책적 선택지가 등장할 수 있었다고 주장한다. 물론 이러한 체계 차원의 구조적 변수는 정책적 선택지의 범위를 설명할 수 있는 것이며, 특정한 대외정책(foreign policy) 결정의 구체적 과정을 설명하는 것은 아니다. 구체적인 대외정책은 체계 차원의 구조적 변수가 제공하는 정책 선택지의 범위 내에서 대통령의 리더십과 행정부 내 여러 부처 간의 다양한 협의 및 국내정치적 변수 등과 더불어 북한의 대응과 남북 관계의 변화 등이 복합적으로 작용하여 결정되었을 것이다. 따라서 이 연구는 미국의 구체적인 대북정책 결정 과정에 대한 설명으로서는 한계를 갖고 있으며, 미중 관계의 변화라는 구조적 변수가 어떻게 대북

정책 선택지의 변화를 가져올 수 있는지를 분석하고자 하는 것이다.

본 연구는 미중 관계와 북미 관계의 변화를 연구 대상으로 하며, 연구 범위는 중국이 주요한 글로벌 행위자로 부상한 부시 행정부 시기부터 현재까지이다. 2장에서는 트럼프 대통령의 대외정책과 대북정책에 대한 선행연구 검토와 단극 구조에서 국제정치와 패권 경쟁에 대한 이론적 검토를 한다. 3장에서는 부시 대통령에서 오바마 대통령 시기의 미중 관계 변화와 북미 관계의 변화를 분석하고, 4장에서는 트럼프 대통령의 대 중국 압박과 대 북한 협상 정책을 분석하여, 미중 관계의 변화와 북미 관계 변화의 관계를 정리한다. 5장에서는 불안정한 북미 관계 개선이 진행되고 있는 현 상황에서 우리의 과제에 대한 함의를 정리할 것이다.

2. 이론적 검토

1) 선행연구 검토

미드(Walter Russell Mead)는 미국의 전략적 문화는 서로 상보적이지만 대조적인 대외정책 전통의 진화에 의해 정의되며, 그 전통은 해밀턴주의, 제퍼슨주의, 잭슨주의 그리고 윌슨주의 등 네 가지로 구분될 수 있다고 했다. 해밀턴주의는 미국의 경제적 국익을 우선적으로 고려하는 연방주의자들의 전통이며, 윌슨주의는 미국식 민주적 가치의 전파와 세계 평화 수호를 위한 각 국가들의 책임과 협력을 강조하는 전통이다. 제퍼슨주의는 작은 정부에 대한 지향을 바탕으로 국제적으로는 타국의 일에 개입하지 않으려는 전통이며, 잭슨주의는 인민주의

(populism)적 입장에서 미국의 이익과 명예의 수호를 국제적 문제에 중요한 목표로 제기하며, 이를 침해하는 국가나 세력들에 대해서는 철저하게 응징하려는 행태를 보인다고 했다.[2]

차태서와 서정건은 미드의 잭슨주의 개념에 대해 다음과 같이 정리하고 있다. 잭슨주의 독트린은 미국식 자유민주주의 가치와 정치모델을 전 세계에 전파하고, 자유자본주의를 선 지구석 경제질서로 기획하는 세계시민주의적, 자유국제주의적 프로젝트에 대해 회의적이며, 인종·종교적 공동체로서 평화로운 미국 내부와 위험하고 어두운 미국 외부 세계를 구분하고, 국가 간의 갈등과 국익 추구를 강조한다. 국내문제를 우선시하며, 미국의 순수성을 오염시킬 수 있는 국내외의 이질적 존재들—이민자, 공산주의자, 무슬림, 성적소수자 등—과 미국 중심적 관점에서 명예롭지 못한 특성—대개는 유색피부—을 지닌 타자들에 대해 자유주의적인 국제규범을 벗어난 철저한 응징과 무조건적인 승리를 추구한다. 아울러 대외경제정책에 있어서 잭슨주의 지지자들은 개방경제가 아닌 경제적 민족주의를 고수하며, 토착주의(nativism)에 입각한 반이민정책을 옹호한다.[3]

많은 연구자들은 트럼프 대통령의 후보 시절 공약과 취임 이후 언급들을 볼 때, 트럼프 대통령의 대외정책 기조에 대하여 잭슨주의적 성향을 띨 것이라고 분석했다.[4] 특히 트럼프 대통령의 대외정책을 호전

---

2) Walter Russell Mead, *Special Providence: American Foreign Policy and How It Changed the World*, New York: Routledge, 2009, pp.3~27.

3) 서정건, 차태서, 「트럼프 행정부와 미국 외교의 잭슨주의적 전환」, 『한국과 국제정치』 제33권 제1호, 2017 봄, 74~75쪽.

4) Taesuh Cha, "Return of Jacksonianism: The International Implication of the Trumph Phenomenon," *The Washington Quarterly* 39 (4), 2016; Walter Russell Mead, "The Jacksonian Revolt: American Populism and the Liberal Order," *Foreign Affairs* 2017 March/April; Michael Kazin, "Trump and American Populism: Old Whine, New Bottles,"

적 잭슨주의적 고립주의로 분석한 연구에서는 불필요한 분야는 아예 관여하지 않을 수도 있지만, 필요한 사안에는 계산된 위험을 감수하면서까지 보다 과감하게 개입하는 '고립과 개입에 있어 선택적 집중'을 할 것이라 했다.[5] 클라크와 리켓츠(Michael Clarke and Anthony Ricketts)는 트럼프 행정부의 대외정책이 잭슨주의적 성향을 띠게 될 것이라 보는 이유를 국제 문제에 있어 미국의 역할에 대하여 문제 제기하는 국내정치 동학의 부상에 따라 제약받기 때문이라고 했다.[6]

후보 시절에서부터 트럼프 대통령의 여러 언급들—NAFTA 및 한미 FTA 폐기, 멕시코 국경 장벽 설치, 이민자들에 대한 적대적 발언 등—이 잭슨주의적 성향을 드러내고 있는 것은 사실이다. 그러나 '중국과의 대립과 갈등/ 북한과의 대화' 혹은 '이란과의 핵 합의 파기/ 북한과의 대화'라는 상황은 국내적 지지기반에 입각한 잭슨주의적 대외정책이라는 분석틀의 모순을 보여준다. 이는 트럼프 행정부의 대외정책에 대한 분석에 있어 트럼프 대통령 리더십의 개인적 특성이나 국내정치적 동학에 입각한 분석의 한계를 보여주는 것이다.

그리고 트럼프 행정부 등장 이후 북미 관계 변화에 대한 연구들도 대부분 북한에 대한 미국의 '강압'(coercion)이 주된 방향이 될 것으로 분석하고 있다. 미국의 대외정책을 잭슨주의적 관점에서 분석한다면 북한과 같은 '불량국가'(rouge state)에 대해 강압을 주된 노선으로 삼을 것이라 보는 것은 당연한 귀결이라 할 수 있다.

Foreign Affairs 2017 November/December.
5) 배원영, 「고립주의의 특질과 트럼프 행정부의 대외정책 전망」, 『한국정치외교사논총』 39(1), 2017; 김정, 「트럼프 대통령의 선거기반과 외교정책: 녹지대 경합주 백인 유권자 잭슨주의 고립주의」, 『IFES현안진단』 1-2, 2016.
6) Michael Clarke and Anthony Ricketts, "Understanding the Return of the Jacksonian Tradition," *Orbis*, 2017, Vol 61(1), p.14.

정종관은 트럼프 행정부의 대북전략이 정치적·외교적·군사적 강압과 대화를 병행하는 '최대의 압박과 관여'(Maximum Pressure and Engagement)이며, 2018년도 '핵태세검토보고서'(Nuclear Posture Review 2018)를 통해 '저강도 핵무기 다양화, 북한 정권 종말' 등을 언급하면서 김정은 정권이 핵과 미사일 개발을 포기할 것을 요구하고 있다고 분석했다.[7]

김일수는 트럼프 행정부는 핵무기의 전력화를 꾀하며, 국방예산의 자동 삭감을 강하게 비판하면서 약화된 미국의 군사력을 재건하여 미국의 군사우위를 추구하고자 한다고 분석했다. 특히 '국가안보전략 2017'(National Security Strategy, 2017)에서 미국의 대외전략 목표를 미국 본토를 수호하고, 미국의 번영을 수호하고 발전시키며, 힘을 통해 세계 평화를 유지하고, 미국의 영향력을 확대하는 것에 두었기에 북핵 문제와 관련하여 단기적으로 억지와 방어 전략을 병행할 것으로 보이지만, 미국의 국가이익이 위협받는 상황이 발생한다면, 선제공격과 같은 군사적 수단을 고려할 가능성도 있을 것으로 예측했다.[8]

김경규는 트럼프 행정부가 제시한 '최대한의 압박과 관여' 정책을 분석하고, 각각의 세부 내용에 대해 이해 당사자(stake holder)들은 어떤 우선 순위를 가지고 있는지 제시하면서 이해당사자의 옵션별 선호도는 다를 수밖에 없음을 강조했다. 한국과 미국은 제재 강화와 중국 역할론을 선호할 수 있지만, 북한과 중국은 핵 동결을 선호하기 때문에, 북한을 비핵화시키고자 하는 트럼프 행정부의 대북정책이 쉽지 않은

---

7) 정종관, 「트럼프 행정부의 대북 강압전략 연구와 한국의 대응전략」, 『한국동북아논총』 제86호, 2018.
8) 김일수, 「트럼프 행정부의 핵 비확산 정책과 한반도 평화」, 『국제정치연구』 제20집 2호, 2017.

과정이 될 것임을 보여준다고 했다.[9]

그렇지만 트럼프 행정부는 2018년에 들어와 이란과의 핵협상에서 탈퇴하고, 중국에 대해 군사적 압박과 무역전쟁을 시도하는 반면에, 북한과는 정상회담을 했으며, 비핵화 문제에 대해 협상에 나서고 있다. 그렇다면 북미 관계의 변화에 대해서도 역시 잭슨주의적 분석—트럼프 대통령 개인의 리더십 혹은 국내정치적 동학에 입각한 분석—을 넘어선 접근이 필요할 것이다.

월츠(Kenneth N. Waltz)는 국제적인 결과들을 구성요소들과 국가적 수준 또는 국가의 하위수준에서의 구성요소들의 결합을 통해 설명하는 시도들을 환원주의(reductionist theory)로 비판하면서, 체계를 구성하고 있는 단위들의 배열 형태에 의해 정의되는 (체계의) 구조는 정치지도자, 사회 경제적 제도, 국가 이념 등의 문제로부터 벗어나 국가들 간의 상호작용에 영향을 준다고 한다. 무엇을 다루느냐에 따라 달라지는 것이 아니라 그 구성요소들을 어떻게 다루느냐에 따라서 환원주의 이론과 체계 이론으로 구분할 수 있다는 것이다.[10]

이러한 관점에서 현재의 미중 관계를 패권경쟁으로 규정하고 있는 연구들이 있다. 앨리슨(Graham Allison)은 미국과 중국은 누구도 원하지 않지만 부상하는 국가가 지배국가에 도전할 때 빠지게 되는 '투키디데스 함정'(Thucydides Trap)이라는 구조적 압력으로 인하여 전쟁을 향해 나아가고 있다고 한다. 현재 멈출 수 없는 중국은 패권적 지위를 양보할 수 없는 미국에 접근하고 있으며, 시진핑 주석과 트럼프 대통령은 모두 자신들의 국가를 다시 위대하게 만들 것이라고 공약하고 있

---

9) 김경규, 「트럼프 행정부의 최대 압박 및 관여 정책: 특징, 한계, 우선 순위」, 『한국군사』 (1), 2017.6.

10) Kenneth N. Waltz, *Theory of International Politics*, New York: McGraw Hill, 1979.

기에, 중국이 자신의 야망을 축소하거나 미국이 태평양에서 중국에 다음가는 국가를 수용하지 않는다면 무역 갈등, 사이버 공격 혹은 해상 충돌 등이 고조되어 전면전이 발생할 수 있다고 한다.[11] 이러한 앨리슨의 '투키디데스 트랩'이라는 시각에 반하여 나이(Joseph S. Nye)는 1930년대 공공재를 제공하는 패권국 영국의 능력은 약화되었지만 이미 영국의 능력을 넘어선 미국이 여전히 고립주의적으로 무임승차자의 위치를 고수했기 때문에 국제체계가 붕괴되었다는 킨들버거의 주장을 인용하면서, 중국의 힘이 (공공재를 제공하는 패권국의 위치에 올라서기에) 너무 강한 것이 아니라 약한 것이 문제라고 지적했다. 나이는 이를 '킨들버거 트랩'(Kindleberger Trap)으로 규정했다.[12]

이러한 연구들은 현재의 미중 관계를 체계 차원의 패권경쟁으로 분석하고 있다. 본 연구에서는 트럼프 대통령의 리더십 특성이나 국내정치적 동학을 넘어 국제정치 체계의 구조적 차원에서 접근하고자 한다. 현재의 미중 관계를 패권경쟁이라는 시각에서 도전국 중국의 부상을 저지하기 위한 패권국 미국의 행태라는 차원에서 접근하고자 하는 것이다. 따라서 미국의 대북정책은 동북아 국제정치 차원에서 파악해야 하며, 미중 패권경쟁과의 관련 속에서 미국의 대북정책 맥락을 분석해야 한다는 것이다.

2) '패권안정론'과 '단극 정치론'

국제정치를 설명하는 체계 수준의 이론으로 먼저 '패권안정론'을 들

---

11) 이에 대해서는 Graham Allison, *Destined for War: Can America and China Escape Thucydides Trap?*, Boston: Houghton Mifflin Harcourt, 2017 참조.

12) Joseph S. Nye, "The Kindleberger Trap," (https://www.project-syndicate.org/commentary /trump-china-kindleberger-trap-by-joseph-s—nye-2017-01), 2018.12.10. 검색.

수 있다. '패권안정론'은 패권국이 국제관계에 '공공재'(public goods)를 제공하여 국제체제의 안정과 패권국의 지배적 질서를 유지하며, 이를 통해 패권국은 투입되는 비용보다 더 많은 이익을 얻는다고 한다. 킨들버거(Charles Kindleberger)는 국제체제에서 패권국만이 공공재로서 자유경제질서를 형성하고 유지할 수 있는 능력이 있다고 하며, 따라서 패권국의 쇠퇴는 자유경제질서가 약화되어 불안정해지는 결과로 나타날 수 있다고 한다.[13] 길핀(Robert Gilpin)은 자유경제질서뿐만 아니라 국제안보와 국제통화도 패권국이 제공하는 공공재라고 하면서, 국제질서의 안정에 있어 국제안보와 국제통화의 중요성을 강조하고 있다. 패권국의 존재가 안정적인 국제질서의 유지를 위해 필수적이며, 패권국의 능력 쇠퇴는 곧 패권국의 공공재 제공 능력의 쇠퇴를 의미하게 된다는 것이다. 그런데 패권국은 패권 유지를 위한 '과도한 확장'에 나서게 되고, 강대국들은 경제성장에 집중하면서 패권국과 강대국의 성장률 차이가 발생하게 되어 패권국의 (상대적) 쇠퇴가 나타나며, 결국 국제체계의 불안정이 초래된다고 한다.[14] 이러한 국제체계의 불안정성은 패권 전쟁을 야기하고, 전쟁이 끝나고 새로운 체계가 등장하여 다시 안정을 찾게 된다는 것이다.[15]

'패권안정론'에 입각하여 보자면 트럼프 대통령의 '미국 우선주의'는 패권국 미국의 공공재 제공 능력의 약화로 인하여 국제질서의 안정을 위해 투입되는 비용을 축소하려는 것으로 이해할 수 있다. 그렇지만

13) 이에 대해서는 Charles Kindleberger, *The World in Depression, 1929~1939*, Berkley: University of California Press, 1973 참조.
14) Robert Gilpin, *The Political Economy of International Relation*, Princeton: Princeton University Press, 1987.
15) 패권전쟁을 통해 국제체계가 순환한다는 길핀의 주장에 대해서는 Robert Gilpin, *War and Change in World Politics*, N.Y.: Cambridge University Press, 1981 참조.

미국은 글로벌 금융위기 이후 가장 빠른 경제 회복 속도를 보였으며, 미국의 군사력은 여전히 압도적 우위를 점하고 있다는 점에서 미국 패권의 쇠퇴는 쉽사리 예단할 수 없다. 즉 현재 미국 패권의 쇠퇴를 전제로 미국의 대외정책을 분석하는 것은 그 전제 자체에 대한 논쟁이 선결되어야 한다. 그리고 '패권안정론'에서 잠재적 도전국이란 해당 시기 국제질서에 대한 불만족 국가로 상정하고 있다. 그러나 미국 패권의 도전국[16]으로 간주되는 중국을 현재의 국제정치경제 질서에 대한 불만족 국가로 분류하기는 어렵다. 오히려 트럼프 행정부가 국제정치경제 질서의 현상 변경을 시도하고 있기에, 현재의 미중 갈등은 '패권안정론'의 전제에서 논리적 충돌이 나타나며, 결국 이론적 적실성이 떨어지게 된다. 따라서 본 연구에서는 현재의 미중 갈등을 설명함에 있어 '패권안정론'에 대한 대안으로 '단극 정치론'(Theory of Unipolar Politics)에 입각하여 미중 관계와 북미 관계를 분석하고자 한다.

먼저 단극 정치론의 전제가 되는 현 국제체제의 단극 구조 여부를 살펴보도록 하겠다. 냉전 시기의 양극 구조는 소련이 붕괴한 이후 단극 구조로 이행하였다. 그러나 글로벌 금융 위기를 전후하여 국제체제의 구조가 G0, 혹은 G2라는 문제제기가 등장했다. G0는 탈냉전 이후 세계 경제의 안정성과 다양한 이슈들의 해결을 위하여 국제적 협력을 이끌어갈 리더가 필요한데, 리더는 각국 정부들이 자발적으로 하려고 들지 않는 행동들을 강력하게 밀어붙일 수 있는 부와 권력을 가지고 있어야 하고, 개별 국가 차원에서 불가능한 예산 규모를 감당하고, 누구나 필요로 하지만 선뜻 나서지 않는 공공서비스를 제공할 수 있어야

---

16) 미국은 이미 중국을 잠재적 도전국이 아니라 미국의 이익에 도전하고 있는 전략적 경쟁 상대이며 수정주의 국가로 규정했다. Department of Defense, *National Security Strategy*, Dec. 2017.

하며, 세계적인 문제들의 우선순위를 정할 수 있어야 한다. 그러나 오늘날 미국의 역량은 이러한 기준에 미치지 못하며, 신흥 세력들은 충분한 능력을 갖추지 못하고 있으며, 국제기구들 역시 이러한 리더의 역할을 맡기 어려운 현실이라는 진단을 바탕으로 국제체제의 무극성을 주장했다.[17] 그렇지만 '(체계의) 단위—국가—들의 능력 분포의 배열'로 정의할 수 있는 국제체제의 구조에 있어 미국의 능력이 여타 국가들과 같은 수준으로 하락했다고 할 수는 없다. 현재 국제체제의 구조를 G0라고 판단하는 것은 리더로서 미국의 역할에 대한 문제제기이지 구조의 이행에 대한 분석이라 할 수는 없을 것이다.

버그스텐(Fred Bergsten)이 처음 사용한 G2 개념은 부상하고 있는 중국을 국제정치경제질서의 설계자이자 관리자의 역할까지 담당하는 책임 있는 행위자로 만들기 위하여, 협력을 강요하는 것이 아니라 진정한 협력자 관계를 추구하여야 한다는 것이었다.[18] 이는 글로벌 금융위기 이후 주요 선진 자본주의 경제가 역성장을 하는 과정에서도 중국은 고도성장을 지속하고 있던 상황에서 더욱 설득력 있게 제기되었다. 그러나 오히려 중국은 이를 자국에 대한 견제의 일환으로 의심하면서 G2 개념을 거부했다. 물론 시진핑 시대에 들어와 '신형대국관계'를 언급하면서 미국과 보다 대등한 협력적 관계를 요구하였지만, 적어도 스스로 미국에 맞서는 역할을 언급하고 있지 않다. 비록 중국의 경제력 총량이 이미 2010년 일본을 추월하여 제2의 경제 강국이 되었다고는 하지만, 현재 정치적·군사적·경제적 능력이 미국의 단극적 지위를

---

17) Ian Bremmer, 박세연 역, 『리더가 사라진 세계: G제로 세계에서의 승자와 패자』, 파주: 다산북스, 2014, 18~19쪽.

18) Fred Bergsten, "A Partnership of Equals: How Washington Should Respond to China's Economic Challenge", *Foreign Affairs* 2008 (July/Aug), p.64.

위협하여 세력 전이의 가능성이 당면한 국제정치의 문제가 되었다 할 수는 없을 것이다.[19] 특히 2016년 기준으로 미국의 군사비 지출은 약 6,000억\$인데 반해 중국은 2,160억\$로 여전히 큰 격차가 있으며, 이는 군사력에 있어 미국에 대한 중국의 세력 전이가 가까운 시일에 나타나기 어렵다는 것을 보여준다.[20] G2란 국제체제 관리를 위하여 미국과 협력하는 파트너 개념으로 중국의 역할을 제안한 것이었으며, 글로벌 금융위기 이후에 점차 중국의 부상을 견제 내지는 저지하기 위한 정치적 수사로 사용되고 있지만, 중국은 미국과 대립적 개념의 G2를 거부하고 있다. 따라서 현재 국제체제의 구조는 단극 구조하에서 다른 강대국들에 비해 중국의 부상이 현저하게 주목받고 있으며, 이에 대해 미국이 본격적으로 견제 혹은 저지에 나서고 있는 것으로 보아야 할 것이다.

그런데 탈냉전 직후 국제정치 학자들은 소련을 대체하는 또 다른 강대국(들)의 재등장으로 양극 혹은 다극의 세력 균형이 부활할 것을 예측했다.[21] 그러나 단극 구조가 지속되면서, 단극 구조의 지속 가능성

---

[19] 국력 추세로 볼 때 2030년 중국이 경제력 총량에서 미국을 추월할 것이라는 예측이 있지만, 향후 10년 이상의 고도성장을 지속해야 달성 가능하다는 점에서 쉽지 않은 목표라 할 것이며, 심지어 추월에 성공하더라도 경제 총량의 추월이 바로 '세력 전이(power transition)'로 나타나지는 않는다는 점에서 현재 중국이 미국에 세력 균형을 유지하고 있다고 보기는 어렵다. 함택영, 「북핵 문제 해결과 한반도 평화체제의 모색: 미중 관계와 북한의 안보 위협 인식」, 『현대북한연구』 제17권 (2), 2014, 271~272쪽.

[20] Military expenditure by country, in constant (2016) US\$ m., 2009-2017. (https://www.sipri.org/sites/default/files/1_Data%20for%20all%20countries%20from%201988%E2%80%932017%20in%20constant%20%282016%29%20USD.pdf1988%E2%80%932017%20in%20constant%20%282016%29%20USD.pdf), 2018. 12. 14. 검색.

[21] Christopher Layne, "The Unipolar Illusion: Why New Great Powers Will Arise," *International Security*, Vol.17, No.4. 1993; Kenneth N. Waltz, "The Emerging Structure of International Politics," *International Security*, Vol. 18, No.2, 1993.

에 대한 연구들이 등장했다. 월포쓰(Willian C. Wohlforth)는 미국 패권의 쇠퇴는 정해진 것이 아니며, 수십 년 동안 어떤 국가도 미국이 현재 보유하고 있는 권력적 요소를 갖지 못할 것이기 때문에 단극은 지속될 것이며, 지속적인 단극 구조의 세계는 평화가 유지될 것이라고 전망했다.[22]

몬테이로(Nuno P. Monteiro)는 평화로운 단극 정치의 세계에 대한 월포쓰의 전망을 비판하면서, 단극 정치의 세계는 단극 국가의 압도적 힘의 우위에도 불구하고 단극 국가의 대전략(grand strategy)에 따라 부분적 혹은 전면적 갈등이 등장한다고 주장했다. 대전략은 군사적 거대 전략과 경제적 거대 전략의 조합으로 구성되며, 단극을 유지하기 위한 군사적 거대 전략은 '공격적 지배'(Offensive Dominance), '방어적 지배'(Defensive Dominance), '불개입'(Disengagement) 등 세 가지로 분류할 수 있다고 했다.[23]

군사적 전략을 구분하는 핵심적인 요인은 영토적 배열, 국제정치적 질서 및 군사력의 분포에 입각한 현상 유지(status quo)에 대한 단극 국가의 태도이다. 공격적 지배 전략은 현상 유지의 적어도 한 가지 이상의 요소를 단극 국가에게 유리하게 변경하려는 것이다. 방어적 지배 전략은 현상 유지의 세 요소를 모두 적극적으로 유지하려는 것이다. 불개입 전략은 다른 국가들이 자신들에게 유리하게 국제질서를 변경하는 것에 대해 단극 국가가 전혀 관심을 두지 않는 것이다.

경제적 대전략은 주요 강대국의 잠재적인 경제력의 변화에 대한 단극

---

[22] William C., Wohlforth "The Stability of a Unipolar World," *International Security*, Vol.24, No.1, 1999, p.8, p.38.
[23] 이하의 설명에 대해서는 Nuno P. Monteiro, *Theory of Unipolar Politics*, N.Y.: Cambridge Press, 2014, pp.65~70 참조.

국가의 태도에 따라 정의되며, '수용'(Accommodation)과 '봉쇄'(Containment)로 나누어 볼 수 있다. 수용 전략은 주요 강대국의 경제적 성장이 단극 국가의 잠재적 힘의 상대적 손실을 가져올 수 있을 때조차 주요 강대국이 성장을 추구할 수 있는 여지를 주는 것이다. 봉쇄 전략은 주요 강대국의 경제적 성장을 직간접적으로 제약하는 행동을 하는 것이다. 이러한 군사적·경제적 대전략의 조합을 통해 단극 국가의 대전략 선택지는 다음의 6가지로 분류할 수 있다. 다음 〈표 1〉이 몬테이로가 정리한 단극 국가의 대전략 선택지 조합이다.

〈표 1〉 단극 국가의 대전략 선택지

		Military Strategy		
		Offensive Dominance	Defensive Dominance	Disengagement
Economic Strategy	Accommodation	Offensive accommodation	Defensive accommodation	Disengaged accommodation
	Containment	Offensive containment	Defensive containment	Disengaged containment

출처: Nuno P. Monteiro, *Theory of Unipolar Politics*, N.Y.: Cambridge Press, 2014, p.70.

몬테이로에 따르면 탈냉전 이후 동아시아에 대한 미국의 대전략은 군사적으로 '방어적 지배'와 경제적으로 '수용'을 조합한 '방어적 수용'이었다고 한다.[24] 그러나 현재 '미국 우선주의'와 '힘을 통한 평화'는 '방어적 수용' 전략의 변화 가능성을 보여주는 것이다. 본 연구에서는 동아시아 지역에 대한 미국의 대전략이 '방어적 수용'과 '공격적 봉쇄'

[24] *Ibid.*, pp.65~70.

의 경계점에 있다고 본다.

글로벌 금융위기 이후 빠른 경제 회복에도 불구하고 미국의 '쌍둥이 적자'(twin deficit)는 누적되었으며, 이로 인해 오바마 행정부에서는 자동예산삭감조치인 '시퀘스터'(sequester)가 시행되어, 국방비의 감축이 불가피해졌다. 이런 상황에서 트럼프 대통령은 경제적 '수용'의 범주 내에서 무역전쟁이라는 압박을 통해 미국의 경상수지 적자 축소를 시도하고 있으며, '중국제조 2025'에 대한 문제제기를 통해 중국의 미래 발전 전략의 수정을 요구하고 있다. 아울러 군사적으로도 '방어적 지배'의 범주 내에서 중국의 군사적 부상을 저지하기 위하여, 대만 문제와 '항행의 자유' 작전뿐만이 아니라, '아시아로의 회귀'를 넘어 '인도—태평양 관계'의 강화를 통한 압박을 시도하고 있다. 대전략의 동일 범주 내에서 압박 강도의 변화 필요성에 따라 정책적 변화가 나타났으며, 이러한 압박에도 불구하고 중국의 부상이 지속된다면 '공격적 봉쇄'로 전환할 수도 있는 경계점이 현재의 상태라는 것이다.

중국의 군사적 · 경제적 부상을 저지할 수 없다면 단극 구조의 국제 체제 유지를 위하여 미국은 더 많은 비용 지출을 요구받게 될 것이다. 따라서 트럼프 행정부는 국제체제의 잠재적 유지비용 증가를 최소화하기 위해 군사적 측면에서 '시퀘스터'를 폐지하면서, 국방비 증액 부담을 동맹국들에게 동맹 비용으로 전가하려 하고 있다. 경제적 측면에서도 NAFTA 및 한미FTA 재협상을 통해 국제체제 유지비용을 전가하여 비용의 최소화를 시도하고 있다. 결국 중국의 대응에 따라 방어적 수용 내에서 미중 간의 타협을 통한 새로운 균형점이 형성되거나, 타협에 실패하고 '공격적 봉쇄'로 대전략의 전환이 이루어질 수 있는 경계점이 현재의 미중 갈등의 좌표이다.[25]

그런데 몬테이로는 단극 국가가 국제체제에서 얻을 수 있는 혜택은 핵무기에 의해 제한받는다고 한다. 핵무기는 전통적인 세력 균형이 이루어지지 않은 가운데에서도 생존을 보장할 수 있게 하는 수단이다. 핵무기가 있는 세계에서 국가들의 최우선적인 목표인 생존은 체제의 세력 균형 변화를 추구하지 않더라도 핵무기 개발을 통해 확보될 수 있다.26) 따라서 미국과 적대적 관계에 있는 약소국들(minor powers)은 전통적 군사력의 확대를 통하여 미국에 대한 세력 균형을 이루려 하기보다, 핵무기 개발을 통하여 균형을 추구할 유인 동기를 갖게 된다. 북한의 핵개발은 이러한 전형적인 사례가 될 것이다.

북한의 핵개발을 둘러싸고 갈등을 보여왔던 북미 관계는 단순히 북한과 미국의 대쌍적(dyad) 차원의 문제만이 아니다. 미국과 중국은 '비확산 체제'(non-proliferation system)에 대한 공동의 이해관계를 갖고 있다. 중국은 북한의 핵보유로 인하여 동북아 국제정치에 긴장이 야기되는 것을 바라지 않지만, 이와 동시에 북한에 대한 미국의 압박으로 인한 동북아 지역의 긴장이 고조되는 것 역시 바라지 않으며, 북한의 체제 붕괴 문제를 자국의 안보적 문제로 간주하고 있다. 따라서 중국은 적절한 북핵 관리를 목표로 하고 있다. 그러나 북한이 핵능력을 고도화하면서 공공연하게 미국에 대한 위협을 가했던 상황에서, 미국은 과거에 비해 보다 강력하게 북핵 문제 해결을 위한 압박에 나서게 될 것은 자명했다.

미중 관계는 부시 행정부에서의 협력적인 '차이메리카' 시대를 거쳐,

---

25) 물론 무역전쟁에 대한 잠정적인 타협이 이루어진다 하더라도 미국의 대중국 압박은 다양한 영역에서 지속될 것이다. '중국제조 2025'에 대한 문제와 위안화의 평가절상 문제 등에 대해서도 새로운 균형점 모색을 위한 타협이 요구된다. 나아가 동북아 지역에서의 지정학적 갈등에 미국이 개입하고 있기에 미중 관계의 새로운 균형점을 모색하는 과정은 단기적으로 정리될 수 있는 문제는 아닐 것이다.

26) Nuno P. Monteiro, *op.cit.*, pp.86~98.

오바마 행정부의 새로운 균형을 추구하는 '재균형 정책'으로 전환했으며, 트럼프 대통령은 본격적인 대중국 압박을 통해 미중 관계의 변화를 분명히 했다. 미중 관계가 협력적 관계에서 재균형을 거쳐 패권 경쟁의 성격을 띠고 있는 중국의 부상을 저지하려는 압박으로 변화했던 것과 더불어 북한에 대한 미국의 정책은 직접적인 강압에서 국제 공조를 통한 압박으로, 그리고 직접 대화와 협상으로 변화했다.[27] 그런데 중국에 대한 압박을 확고하게 진행하고 있는 상황에서 미국의 대북정책은 중국의 대북정책과, 나아가 동북아 지역 전략에 일정한 균열을 야기할 수 있다. 만일 북핵 문제 해결을 위해 미국이 북한에 대한 군사적 공격을 감행한다면 북중 동맹의 자동 개입 조항에 따라 중국은 미국과 직접적인 군사적 대립을 감수해야 하는 '연루'(entrapment)의 딜레마[28]에 빠지게 된다. 반면에 비록 부침은 있지만 현재 진행되고 있는 북미 간의 직접 대화를 통해 북핵 문제 해결 가능성이 높아진다면, 문제 해결 이후 미국에 대한 북한의 '편승'(bandwagon)[29] 가능성도 배제할 수 없으며, 적어도 북한에 대한 중국의 정치적 영향력은 지금보다 약화될 가능성이 높다. 또한 지금과 같은 상황에서 한반도의 긴장이 완화되고 평화체제로의 이행 가능성이 나타난다면, 이는 중국을 제외한 미국과 남북한이 주도하는 동북아 국제정치 질서의 현상 변경이 될

---

[27] 물론 북미 양자 간의 합의로 부시 행정부에서는 2007년 2·13 합의가, 그리고 오바마 행정부에서는 2012년 2·29 합의가 있었다. 그렇지만 결과적으로 두 합의 모두 이행되지 않았으며, 일방주의적 압박과 전략적 인내라는 미국의 대북정책 기조는 두 행정부에서 각각 유지되었다. 부시 행정부 시절 다자간 합의로 6자회담의 9·19 공동성명이 있었지만, 이 역시 BDA 제재 문제로 이행되지 않았다.

[28] 연루와 방기에 대한 동맹 딜레마에 대해서는 Glenn H. Snyder, "Alliance Theory: A Neorealist First Cut," *Journal of International Affairs*, Spring, 1990, 44:1 참조

[29] 동맹의 성격에 있어 '균형 추구'(balancing)와 '편승'에 대해서는 Stephen M. Walt, *The Origins of Alliances*, Ithaca: Cornell University Press, 1987, pp.147~180 참조.

수 있다.

현 단극 구조의 구조적 제약은 미국에게는 중국의 부상을 저지해야 하는 압력으로 나타나고 있으며, 중국에게는 미국과의 직접 대결을 회피하게 하는 압력으로 나타나고 있다. 따라서 만일 북핵 문제 해결이 중국의 부상에 상승요인이 된다면 미국은 북핵 문제의 직접 해결을 회피해야 하는 구조저 제약에 놓여 있을 것이다. 반대로 군사적 방식에 의해서든 평화적 방식에 의해서든 북핵 문제가 해결되면서 북미 관계가 변화했을 때, 중국은 미국과의 직접 대결을 회피하기 위하여 동북아 지역 전략을 수정해야 하는 과제를 부여받게 된다. 따라서 북핵 문제의 해결을 둘러싼 북미 관계는 미중 패권 경쟁이라는 구조적 변수에 직접 결부되어 있다. 특히 오바마 행정부의 대북정책인 '전략적 인내'는 북한의 핵능력 강화에 따라 실패했다고 평가할 수 있으며, 중국에 대한 '재균형'에도 불구하고 중국의 부상은 더욱 현저해졌으며, 중국의 부상을 저지해야 하는 체계의 구조적 압력은 비례적으로 상승했다. 따라서 오바마 행정부에 이어 등장한 트럼프 행정부에서 중국의 동북아 전략의 수정을 야기할 수 있는 중국의 동맹국 북한과의 관계 변화에 대한 미국의 대북정책 전환이 나타나게 되었다는 것이다.[30]

물론 이러한 체계의 구조적 제약 혹은 압력이 일방적으로 국가들의 행동을 결정하는 것은 아니다. 국가들의 대외 정책 결정은 체계의 구조적 제약에 영향을 미칠 수 있으며, 구조적 압력을 경감시키거나 우

---

[30] 본 연구에서는 트럼프 후보가 아니라 클린턴 후보가 대통령에 당선되었다 하더라도 북미 관계의 변화는 나타날 수 있었을 것이라 본다. 그렇지만 그 양상은 다르게 나타났을 것이다. 즉 현재 진행되고 있는 양상에는 트럼프 대통령의 독특한 리더십이 매우 중요한 변수로 작용했을 것이라 본다. 아울러 북한의 제안이 없었다면 현재와 같은 북미 협상 국면으로의 전환은 이루어지지 않았을 것이다. 따라서 북한의 협상 제안과 북미 정상회담의 즉각 수락의 과정에 대해서는 북한과 미국의 대외정책(foreign policy) 결정 과정이라는 차원에서 각각 별도로 연구되어야 할 것이다.

회하기도 하지만, 구조적 제약을 근본적으로 뛰어넘는 것은 어렵다. 예를 들어 미중 관계의 변화 과정에서 북한은 지속적으로 핵능력을 고도화하면서 미중 관계의 균열을 부분적으로 야기했다. 또한 2018년에 들어와 선제적으로 북미 대화와 남북 협력을 제안하면서 단극 국가 미국으로부터의 체제 안전 보장과 제재 해제를 요구했다. 이는 동북아 국제정치 지형의 변화를 의미하는 것이다. 그러나 미국이 북한의 제안에 호응해야 하며, 이에 대한 중국의 지지가 있어야 하며, 한국으로부터 협력을 얻어야 가능하다는 점에서 북한이 의도하는 동북아 국제정치 지형의 변화는 국제체계의 구조적 제약을 근본적으로 넘어설 수는 없을 것이다. 그럼에도 불구하고 북한의 정책적 선회가 지속된다면 이는 동북아 국제정치 지형 변화의 단초가 될 수 있을 것이다.

3. 재균형 전략과 북미 관계

1) 미중 관계의 변화 : 차이메리카에서 재균형 전략으로

2007년 퍼거슨(Niall Ferguson)과 슐라릭(Moritz Schularick)은 당시의 미중 관계를 '차이메리카'(Chimerica)라는 용어로 설명했다. 1990년대 중반 이후 중국은 미국에 저가 상품을 수출하여 막대한 경상수지 흑자를 유지하고 있으며, 이러한 흑자는 중국의 지속적인 고도성장과 일자리 창출을 가능하게 했다. 그런데 중국은 막대한 경상수지 흑자를 미국 국채 매입에 투입함으로써 '달러 환류 시스템'(dollar recycling system)의 중요한 축을 담당했다. 미국은 중국을 위시한 대미 경상수지 흑자 국가들의 미국 국채 매입으로 자국의 재정적자를 상쇄하고, 세계 최대

시장으로서 소비를 유지할 수 있었으며, 이를 통해 미국은 저금리를 유지하면서 경제 호황을 유지할 수 있었다는 것이다.[31] 이러한 미국과 중국의 상보적 관계를 '차이메리카'(Chimerica)라는 신조어로 설명했다.

1990년대, 소련의 안보 위협이 사라진 탈냉전 시대에 들어와 미국의 단극 질서를 위협할 수 있는 잠재적인 국가로 중국을 지목하는 '중국 위협론'(China threat)이 등장하기도 했지만, 미국 수도 국제정지경제 질서 내로 중국을 인입하는 것은 미국에 있어 아주 중요한 측면이었다. 중국의 풍부한 노동력을 바탕으로 한 저가 소비품의 수입은 만성적인 경상수지 적자 상태에서 소비를 지속해야 하는 미국에 있어 인플레이션 압력을 완화시켜주는 요인이자, 미국 제조업의 혁신—정보·기술(IT) 혁명—의 기반이 되었다. 중국은 대미 수출을 통해 획득한 막대한 달러를 미국 국채 매입에 사용했다. 이를 통해 중국은 외환 시장에 개입할 수 있는 자금을 안정적으로 관리할 수 있었으며, 미국은 '달러 환류 시스템'을 공고하게 하는 효과를 얻을 수 있게 되었다. 이러한 '달러 환류 시스템'은 미국이 막대한 경상수지 적자에도 불구하고 '트리핀 딜레마'[32]에 빠지지 않고 달러화의 주조 차익(seignorage)을 누릴 수 있도록 해준 것이었으며, 그 결과 '금융주도 성장레짐'[33]은 공고화될 수

---

31) Niall Ferguson and Moritz Schularick, "Chimerica and Global Asset Market Boom," *International Finance* 10:3, 2007, pp.215~239. 이는 미국 패권 유지에 있어 중국의 역할을 강조한 것으로, 용어에서 중국이 먼저 나오는 이유를 보여준다.

32) 브레튼우즈 체제 시기 트리핀은 국제 기축통화 달러화의 발행국인 미국이 경상수지 적자를 유지하면서 달러화의 국제적 유동성을 제공하는 당시의 현실에서 경상수지 적자가 지속된다면 달러화의 과잉 공급이 나타나고, 이로 인해 달러화의 가치는 하락하여 국제 준비자산으로서 달러화의 신뢰도는 저하되고, 고정환율제도가 붕괴될 것이라고 했다. 만일 경상수지 적자 문제를 해결하기 위하여 달러화의 국제 유동성 공급을 중단하면 세계경제는 크게 위축될 것이라고 지적했다. 이렇게 국제 기축통화 달러화 발행국인 미국이 안고 있는 딜레마를 지적한 것이 트리핀 딜레마이다. 이에 대해서는 Robert Triffin, *Gold and the dollar crisis: The future of convertibility*, New Haven: Yale Univ. Press, 1960 참조.

있었다.

따라서 미국은 중국을 자신들이 주도하는 자유주의적 국제질서에의 참여자로 규정하게 되었으며, 결국 미국 단극 구조에서 미중 간의 협력은 가능하게 되었다. 중국 역시 자본주의 중상주의적 국가 현대화를 위한 경제발전을 추구하기 위해 미국 중심의 세계질서를 인정하면서, 자국의 경제성장 장애물을 제거하려고 했던 것이다.[34]

그러나 '차이메리카'에 균열이 나타나기 시작한 것은 2007~2008년, 미국을 진앙지로 하는 글로벌 금융위기였다. 금융위기 이후 미국은 위기 극복을 위하여 재정 정책으로는 적자 재정과 통화 정책으로는 양적 완화(Quantative Easing, QE)를 선택했다. 적자 재정의 유지를 위해서는 국채 발행을 통한 재정 조달이 필요했으며, 양적 완화로 인한 달러 가치 하락 방지를 위해 글로벌 달러 수요 창출이 필요했다. 중국은 막대한 경상수지 흑자로 미국 국채 매입을 확대하였으며, 이는 달러화의 추가적 하락을 방지해 줄 수 있었다.

그런데 금융위기의 원인에 대한 다양한 진단 속에서 '차이메리카'의 구조적 문제가 지적되었다. 중국 자금의 유입으로 미국은 저금리를 유지하면서 소비 수요의 증가를 지속할 수 있었지만, 이는 부동산 시장을 향한 자금 유입으로 귀결되어 부동산 시장 거품을 야기했으며, 결국 금융위기의 원인이 되었다. 즉 중국의 수출과 미국의 수입으로 이루어진 '차이메리카'가 '글로벌 불균형'(global imbalance)을 유발했으며, 결국 금융위기에 이르렀다는 진단이었다.[35]

---

33) 미국의 금융주도 성장레짐 전환에 대해서는 이원영, 「패권국 통화정치 연구: 역플라자 합의를 중심으로」, 서울대학교 박사학위논문, 2018 참조.

34) 이상만, 김동찬, 「미·중간 장기 협력 관계의 형성과 변화에 대한 변증법적 고찰: 인식의 전환과 핵심 국가 이익의 정의를 중심으로」, 『중소 연구』 41권 제2호, 2017 여름, 49쪽.

'차이메리카' 시기에 중국의 부상은 확연하게 나타났으며, 미국 내에서 중국이 미국 패권에 대한 잠재적 도전자라는 우려의 목소리도 비례하여 높아졌다. 이를 반영하듯이 2011년, 당시 미 국무장관이었던 힐러리 클린턴은 "정치의 미래는 아시아에서 결정될 것이다. 이에 해군력의 60%를 아시아-태평양 지역에 집중할 것이고, 일본을 비롯한 동맹국들 및 우방국들과의 관계를 한층 더 강화, 증진시킬 것"이라는 내용을 골자로 하는 '아시아로의 회귀'(Pivot to Asia)를 선언했다.[36] 그리고 2012년 1월, 미 국방부는 아시아 태평양 지역에서의 '재균형'(rebalancing)을 반드시 이뤄야 하는 목표로 제시하는 새로운 '국방전략지침'(Defense Strategy Guidance, 2012)을 발표했다. 여기에서 "미국의 경제, 안보적 이해관계는 서태평양과 동아시아에서 인도양 및 남아시아로 연결되는 호(arc)의 발전과 밀접한 연관"이 있으며, "중국, 이란 등의 국가들은 우리의 힘이 전개되는 능력에 대응하기 위해 비대칭적 수단을 추구"할 것이고, 따라서 "미국 군사력은 접근 거부 환경에서 효과적으로 작전을 수행하기 위한 능력을 확보하는 데에 집중"해야 한다는 국방 정책 방향을 천명했다.[37] '아시아로의 회귀'는 미국의 대전략이 '차이메리카'로 묘사되었던 중국과의 협력에서 중국에 대한 '재균형'(rebalancing)으로 전환되었음을 의미하는 것이었다.

　이러한 재균형은 이후 구체화되기 시작했다. 2014년 3월에 발표된

---

35) Niall Ferguson and Moriz Schularick, "The End of Chimerica," *International Finance* 14:1, 2011, pp.1~26.

36) HIllary Clinton, "America's Pacific Century," *Foreign Policy*, 2011.10.11. (https:// foreignpolicy.com/2011/10/11/americas-pacific-century/)

37) Department of Defense, "Sustaining US Global Leadership: Priorities for 21st Century Defense," 2012.1. (http://archive.defense.gov/news/defense_strategic_guidance.pdf), 2018. 10.15. 검색.

'4개년 국방검토 보고서'(Quadrennial Defense Review, 2014)에서 미국의 군사력에 대한 세 가지 전략적 방향을 '본토 방위, 군사적 억지력을 바탕으로 지구적 안보 확립, 억지 실패 이후 결정적 승리를 위한 준비' 등으로 설정하고 있다. 따라서 (잠재적 도전국으로 간주하고 있는 중국의 부상을 저지하기 위해) 오스트레일리아, 일본, 한국, 필리핀, 태국과의 동맹을 현대화하고 강화해야 하며, 싱가포르, 말레이시아, 베트남 등과의 방위 관계 개선에 나서야 한다고 지적했다.[38]

국제정치경제적 측면에서 재균형 정책은 아시아 국가들과의 경제협력을 통해 잠재적 시장을 확보하려는 것으로 나타났다. 대표적으로 '환태평양경제동반자협정'(Trans-Pacific Strategic Economic Partnership, TPP)은 투자와 지적재산권을 포함한 모든 상품의 관세 철폐를 목적으로 하는 다자간 자유무역협정이다. 중국이 주도하는 '역내포괄적경제동반자협정'(Regional Comprehensive Economic Partnership, RCEP)에 대항하는 성격을 내포하고 있는 TPP는 경제 회복과 고용 창출을 위해, 재정 정책을 넘어 수출 확대가 이루어져야 한다는 문제의식에 기반한 것이었다. 2015년 타결된 TPP 협상은 해외자본의 활동에 대한 제약을 철폐하고, 환율과 관련해서 '환율조작'(currency manipulation)에 관한 제재, 외환 보유의 투명성 확보와 거시 경제 정책 및 국제수지 불균형에 관한 정기적 협의 등을 포괄하고 있다.[39]

---

[38] Department of Defense, "Quadrennial Defense Review," 2014.3. (http:// archive. defense. gov/pubs/2014_quadrennial_defense_review.pdf). 2018.10.15. 검색.

[39] Fred C. Bergsten, "Addressing Currency Manipulation Through Trade Agreements," *Policy Brief*, No.14-2, Peterson Institute For International Economics, Jan 2014.

2) 미국의 대북 정책 변화 : 일방주의적 강압에서 전략적 인내로

북한의 핵개발 의혹은 탈냉전 초기 남북한 간에, 그리고 북미 간에 심각한 안보 이슈로 이미 등장한 바 있었다. 이른바 '제1차 북핵위기'가 그것이다. 1992년 '국제원자력기구'(IAEA)가 북한의 핵개발 의혹을 제기하면서 시작된 '제1차 북핵위기'는 1994년 '제네바 합의'(Geneva Agreement)로 일단락되었다. 이후 2000년 6월 제1차 남북 정상회담에 이어 9월 북한 조명록 차수의 방미를 통해 '북미 공동코뮤니케'(US-DPRK Joint Communique)가 발표되었으며, 10월에는 미 국무장관 올브라이트가 방북하는 등 북미 수교로 나아가는 과정이 진행되었다.[40] 그러나 이는 미국의 43대 대통령으로 공화당의 부시 후보가 당선되면서 무산되었다.

차이메리카가 본격화되었던 부시 대통령 시절, 9·11 테러 이후 2002년, 미국은 북한을 '악의 축'(Axis of Evil) 국가 중 하나로 규정하면서 대북 강경정책으로 선회했다. 2002년 10월, 켈리 당시 국무부 차관보가 평양 방문에서 북한의 고농축우라늄 프로그램 의혹을 제기하자 이에 반발한 북한은 핵동결 해제와 '핵확산금지조약'(NPT, Non-Proliferation Treaty) 탈퇴를 선언하였으며, '제2차 북핵위기'가 시작되었다. 차이메리카 시기에 본격화된 '제2차 북핵위기'의 해결을 위해 2003년부터 6자회담이 시작되었지만, 일방주의적 압력을 통한 북한의 핵포기라는 부시 행정부의 정책 기조에는 큰 변화가 없었다. 6자 회담이 진행되고 있던 2005년 1월, 국무장관 임명 청문회에서 장관 지명자 라이스(Condloeezza Rice)는 북한을 '폭정의 전초기지'(Outpost of Tyranny)로 언급했으며,[41] 부시

---

40) 제1차 북핵위기와 제네바 합의 및 이후 과정에 대해서는 서보혁, 『탈냉전기 북미관계사』, 서울: 선인, 2004 참조.

대통령도 2006년 국정 연설에서 북한의 핵 야망을 언급하여 기존의 대북 강경정책 노선의 유지를 분명히 했다.[42] 이에 북한은 2005년 2월 외무성 대변인 성명을 통해 6자 회담 참가 무기한 중단 선언을 했다. 우여곡절 끝에 2005년 9·19 공동성명을 통해 북핵문제 해결을 위한 대원칙에 합의가 이루어졌지만, 바로 이어진 미 재무부의 '방코델타아시아'(BDA) 은행 제재에 대해 북한이 반발하면서 9·19 공동성명은 사실상 무산되었다.[43] 2006년, 북한은 미사일 발사와 핵실험을 강행하였다. 중국과 협력을 구가하던 차이메리카 시기에 미국은 북한에 대해 직접적인 강압 정책을 구사했으며, 북한은 이에 반반하여 군사적 도발로 맞선 것이었다.

그러나 2008년 대선에서 당선된 오바마 대통령은 자신의 취임 연설에서 "오랜 친구와 과거의 적들과 함께 우리는 핵 위협을 감소시키려 쉼 없이 노력하겠다"고 하면서 북한, 이란 등과 핵문제 해결을 위한 대화에 나설 것을 밝혔다.[44] 오바마 대통령은 자신의 임기 동안 이란과 핵협상을 타결했지만, 북한과의 관계는 진전되지 않았다. 이는 오바마 행정부의 재균형 정책과 밀접한 연관이 있다.

오바마 대통령은 중국에게 북한의 도발을 막기 위하여 북한에 대한 영향력을 발휘할 것을 요구하면서, 북한에 대해서는 소위 '전략적 인

---

41) "Rice targets 6 'outpost of tyranny'," Washingtontimes, Jan. 19, 2005, (https://www.washingtontimes.com/news/2005/jan/19/20050119-120236-9054r/), 2018.10.20. 검색.

42) "The 2006 State of the Union Adress,"
(http://whitehouse.georgewbush.org/news/2006/ 013106.asp). 2018.10.20. 검색.

43) 제2차 북핵위기의 발발과 6자회담 및 그 평가에 대해서는 Charles L. Pritchard, *Failed Diplomacy: the tragic story of how North Korea got the bomb*, Washington D.C.: Brookings Institution Press, 2007 참조.

44) "President Barack Obama's First Inauguration Speech," (https://www.aol.com/article/news/2017/01/19/president-barack-obamas-first-inauguration-speech-full-text/ 21657532/)

내'(strategic patience)를 천명했다. 이는 북한 핵위협을 중국의 부상과 같은 틀에서 파악하면서, 중국에 대한 재균형의 일환으로 북핵 문제를 다룬 것이다. '전략적 인내'는 강압 외교(coercive diplomacy), '징벌적 조치'(punitive action), '조건부 관여'(conditioned engagement)의 세 요소로 구성되어 있다. 이는 북한의 핵보유와 핵확산을 억지하는 다자주의적 '억지 레짐'(deterrence regime)을 형성·유지하기 위한 강압 외교, 핵실험과 로켓 발사에 대한 징벌적 제재, 선 비핵화 조치를 조건으로 하는 관여이다. 그 실질은 다자 체제에 의한 징벌적 억지 레짐을 미국의 외교적 자산을 통해 유지한다는 것이었다.[45]

　오바마 행정부는 중국에 대한 재균형이라는 정책 기조하에서, 대북정책은 국제사회의 협력, 특히 중국의 역할을 통한 '억지 레짐'의 형성으로 전환했다. 문제는 오바마 행정부의 '재균형'이 중국에 대한 재균형과 유럽을 위시한 글로벌 차원의 재균형 사이에서 정확한 중심을 잡지 못하고 진동했다는 것이다. 재균형 전략은 중국의 반발이라는 역내의 도전과 더불어, 지구적으로는 유럽과 중동의 동맹국들로부터의 불신이 확산되는 등, 복합적 도전에 직면하게 되었다. 재균형 전략이 명확하게 중심을 잡지 못한 상황에서, 미국의 대북정책은 핵확산 방지와 분쟁에 대한 연루 예방이라는 소극적 대응에 머무를 수밖에 없었다.

　결국 오바마 행정부가 북한에 대해서 적극적인 협상도, 적극적인 압박도 취하지 않고, 그 중간 정도에서 진동하는 '전략적 인내'를 유지했던 것은 재균형화의 중심이 분명하지 않았기 때문에 일관된 대북정책을 마련하지 못하였기 때문이다.[46] 재균형 정책 자체의 초점이 중국에

45) 이정철, 「오바마 독트린과 미국의 대북정책 프레임: 지정학, 핵전략, 불량국가」, 『한국정치연구』 제25집 제1호, 2016, 238쪽.
46) Ibid., 227~228쪽.

대한 균형 추구에서 '유럽에로의 재재회귀'(re-pivot to Europe) 등으로 일정하게 동요하는 상황에서, 초기 아태지역에서 태평양 미군의 유연한 투사와 TPP를 두 축으로 하면서 중국의 부상을 견제하고자 했던 재균형 정책의 강조점이 군사적 이니셔티브를 약화시키고 경제 외교적 요인으로 변화하면서 중국의 위협에 대한 대응이 아니라 중국의 부상을 관리하려는 정책으로 나타나는 듯했다. 미국의 대북정책의 목표 또한 한반도 비핵화인지, 비확산인지 불분명한 상황에서 2012년 북미 사이에 2·29 합의가 체결되었다. 이 합의에서 북한이 핵과 미사일 활동의 동결을 약속했지만, 한 달이 채 되지 않아 북한이 로켓 시험발사를 강행하면서 결국 2·29 합의는 무산되었다.[47] 결국 '전략적 인내' 정책은 북한의 도발과 미국 및 국제사회의 대북 제재가 반복되는 악순환을 보였을 뿐이었다.

중국과 협력 관계를 구축했던 차이메리카 시기에 북한에 대한 직접적 강압 정책을 폈던 미국은 재균형 시기에 들어와 다자적 억지 레짐으로, 특히 중국의 역할을 강조하는 것으로 대북 정책을 전환하였다. 이는 중국의 부상에 따라 체계의 구조적 압력이 비례적으로 미국에게 작동하기 시작하면서, 부시 행정부의 직접적인 강압에서 한발 물러나 '재균형'의 일환으로 중국에게 북핵 문제 해결이라는 하청 과제를 부여한 셈이었다.

그러나 북한에 대한 중국의 영향력이 제한적인 상황에서 미국의 '전략적 인내'는 역설적으로 북한에 대한 중국의 배타적 세력권을 인정하는 결과를 초래했다는 비판에 직면했으며, 미국의 제재에 대하여 북한은 조금씩 도발의 수위와 강도를 높이면서 대응했다. 결국 오바마 행

---

47) 이정철, 「미국의 재균형화와 북한의 수정주의 국가화」, 『유라시아 연구』 10권 제4호, 2013, 139~151쪽.

정부의 '전략적 인내'는 제재에 대한 북한의 내성을 강화시켜 주는 것으로 귀결되었다. 북한의 핵능력이 조금씩 증강되면서, 북핵 문제에 대한 대응을 중국에 대한 재균형의 일환으로 파악했던 오바마 행정부의 '전략적 인내'는 결과적으로 중국의 부상을 방조한 셈이 되었다.

4. 미중 패권경쟁과 북미 관계

1) '방어적 수용'과 '공격적 봉쇄'의 경계점 : '미국 우선주의'와 무역전쟁

트럼프 대통령은 취임 직후부터 '환태평양동반자협정'(TPP)에서의 탈퇴, '북미자유무역협정(NAFTA)' 재협상, 멕시코 국경지대 장벽 건설, 불법 이민자 추방 등의 행정 명령에 서명했다. 그와 더불어 테러와 관련된 이라크, 이란, 소말리아, 수단, 시리아, 리비아, 예멘 등 7개국 국민들에 대한 비자발급을 거부하고, 90일 동안 입국을 금지하는 행정 명령에 서명했다. 나아가 중국을 위시하여 일본, 한국 등 대미 흑자국들에 대해 환율조작국 지정 가능성을 경고했으며, 2018년에 들어와 전 세계를 대상으로 철강·알루미늄에 대한 관세 부과 계획을 발표했다. 특히 중국에 대해서는 중국의 대미 수출품에 대한 관세를 추가 부과하는 무역전쟁을 시작했으며, 이는 현재 더욱 확대되고 있다. 그리고 국방력 강화, 이란과의 핵 협상 탈퇴 및 북한 핵 개발에 대한 군사력 사용 가능성 등의 위협을 가하기 시작했다. 그리고 오바마 대통령 시기 이란 핵문제 해결을 위해 체결한 '공동행동계획'(Joint Comprehensive Plan of Action)을 지속적으로 비판했으며, 2018년 5월 8일, 일방적 탈퇴를 선언했다. 그런데 북한은 2017년, 사거리를 지속적으로 확대하면서 미사일 시험을 하였으며 6차 핵실험까지 하였다. 이러한 상황에까지 이르게 되자 트럼프 대통령은 북한에 대한 군사적 행동을 시사하면서 한국, 일본 및 NATO 동맹국들에게는 안보 비용의 분담을 요구했다.

결국 '미국 우선주의'와 '힘을 통한 평화'는 단극 국가인 미국이 국제 질서 유지비용을 최소화하고, 국제질서에서 얻는 혜택을 확대하기 위해 국제질서의 현상 변경을 시도하고 있는 것이라 할 수 있다. 이러한 현상 변경 시도에 있어 가장 두드러지게 나타나고 있는 것은 중국에 대한 압박이다. 글로벌 금융위기 이후 재균형 정책이 등장하면서 중국의 부상에 대한 미국의 견제가 시작되자 중국은 '신형대국관계'를 요구하는 것으로 대응했다.

2012년 2월, 당시 국가 부주석이었던 시진핑이 방미하여 "(미중) 양국의 협력동반자 관계를 21세기의 '신형대국관계'로 만들어나가기 위해 노력하자"고 제안했으며, 주석으로 취임한 이후 2013년 미중 정상회담에서 다시 '신형대국관계'를 제안 설명했다. 그것은 대화와 협력을 통해 모순과 차이점을 적절하게 처리하고, 각자가 선택한 사회제도와 발전경로를 존중하고, 상호 간 핵심이익과 중대한 관심 사항을 존중하며, 공동 발전을 촉진하고, 이익이 조화되는 구도를 발전시키고자 하는 것이라고 설명했다.[48] 이러한 제안은 글로벌 금융위기 이후 달라진 중국의 국제적 위상을 반영하는 것이었다. 글로벌 금융위기를 거치면서 중국은 세계 2위의 경제 대국으로 성장했으며, 급격하게 발전한 경제력을 바탕으로 군사적으로도 성장하였다. 중국은 난사군도(南沙群

---

[48] 장루이좡(張睿壯), "신형대국관계 전략의 기원과 난제," (http://sics.skku.edu/bbs/board.php?tbl=korean&mode=VIEW&num=70&category=&gr_id=302010&bbs_type=&admin_type=&findType=&findWord=&sort1=&sort2=&it_id=&shop_flag=&mobile_flag=&page=1), 2018.10.20. 검색.

島), 다오위다오(釣漁島) 등을 둘러싼 영토 갈등에서 이전 시기보다 강력하게 대응하기 시작했으며, 이에 따라 동북아시아의 지정학적 갈등은 확대되었다.

중국의 부상에 대해 트럼프 행정부는 '미국 우선주의'에 입각하여 직접적인 대중국 압박을 시작했다. 2018년 1월, 트럼프 대통령은 연두교서에서 "불균형한 미국의 대외무역 구조를 바로잡고, 과거 행정부의 실수를 되풀이하지 않고 국제 문제에서 미국의 영도력과 주도권을 수호"하겠다고 했다.[49] 이는 사실상 중국에 대한 견제와 균형 추구를 넘어 압박을 천명한 것이었다.

트럼프 대통령은 당선자 신분으로 2016년 12월 4일 대만 차이잉원 총통과 통화했으며, 2017년 6월에는 대만에 대해 14억 달러 규모의 무기 판매를 용인했다. 2018년 3월에는 '미국-대만 여행법'에 서명하여 대만 정부 인사의 미국 비자 문제를 해결해 주었다. 반면 2017년 4월 중국의 시진핑 주석과의 정상회담 만찬 자리에서 시리아에 대한 공격 명령을 내렸으며, 환율조작국 지정을 면하기 위한 중국의 '100일 계획' 보고서 제출을 요구하는 등 직간접적인 대 중국 압박을 표현했다.

2018년에 들어와 미국은 무역수지 적자 문제 해결을 이유로 중국과 무역전쟁에 들어갔다. 3월 22일, 미국이 중국으로부터의 수입품 500억$에 대하여 25% 관세 부과 계획을 발표하면서 시작된 무역전쟁은 미국의 관세 부과 조치가 발표될 때마다 중국 역시 맞대응을 하면서 확전되었다. 이 과정에서 8월 22~23일, 워싱턴에서 미국의 맬패스 재무부 차관과 왕서우원 중국 상무부 부부장이 무역전쟁 해결을 위한 협상을 벌였

---

[49] "President Donald J. Trump's State of the Union Address," Issued on Jan. 30, 2018. (https://www.whitehouse.gov/briefings-statements/president-donald-j-trumps-state-union-address/), 2018.10.12. 검색.

지만, 서로의 입장 차이만 확인한 채 소득 없이 종료되었으며, 9월 말로 예정되었던 협상은 중국이 취소했다.

무역전쟁을 개시하면서 미국은 중국이 미국의 지적재산권을 침해하고 있으며, '중국제조 2025'와 같은 산업정책을 통해 불공정 거래를 하고 있다고 지적했다. 그리고 중국의 제2위 통신장비기업인 ZTE에 대하여 2017년 3월, 약 12억 달러의 벌금을 부과한 데 이어, 2018년 4월, 향후 7년간 미국 기업과의 거래를 금지시켰다. 이어 중국의 최대 통신장비업체이자 기술굴기의 상징 기업인 화웨이의 멍완저우 최고재무책임자의 체포를 캐나다에 요청했다.[50] 이후 ZTE가 미국의 요구를 수용하면서 6월, 제재는 해제되었으며, 멍완저우 역시 보석으로 석방되었지만 일본, 호주, 뉴질랜드 등이 화웨이 제품에 대해 보이콧을 선언했다.

즉 미국은 무역수지 개선을 위하여 무역전쟁을 벌이고 있을 뿐만 아니라, 첨단 산업 분야에서 미국에 도전하는 중국의 계획을 무산시키고자 하는 것을 목표로 하고 있음을 알 수 있다. 다음의 〈표 2〉가 미중무역 전쟁의 전개 과정 일지이다.

중국에 대한 압박은 국제정치적 차원에서도 나타났다. 대만에 대한 중국의 무력시위가 빈번하게 되자 5월 31일, 미국의 전략폭격기 B-52H 한 대가 남중국해 둥사군도(東沙群島) 상공까지 날아가 '폭격기 전개 유지'(CBP) 임무를 진행했으며, 6월에는 B-52H 2대가 동중국해 중국 방공식별구역에 진입하는 심야 장거리 원양훈련을 전개했다. 8월에도

---

50) 화웨이와 ZTE에 대해서는 이미 2012년 미국 하원 정보위원회의 보고서에서 미국의 국가안보를 위협하는 중국 기업들이라고 평가했다. Committee on Intelligence, U.S. House of Representative, *Investigative Report on the U.S. National Security Issues Posed by Chinese Companies Huawei and ZTE*, Oct. 8, 2012. (https://intelligence.house.gov/sites/intelligence.house.gov/files/documents/huawei-zte%20investigative%20report%20(final).pdf). 2018.12.14. 검색.

<표 2> 미중 무역 전쟁 일지

제재 국가	날짜	주요내용	제재 규모
미국	3월 23일	중국산 철강, 알루미늄에 관세 부과	30억 달러
중국	4월 2일	미국산 농상품 등 128개 품목에 보복관세 부과	30억 달러
미국	4월 3일	중국산 수입품 1,333개 항목에 25% 관세 검토	460억 달러
중국	4월 4일	미국산 대두, 자동차 등 106개 항목에 보복관세 검토	500억 달러
미국	4월 5일	중국산 수입품에 추가 관세 지시	1,000억 달러
미국	4월 16일	ZTE 통신장비 기업에 미국 부품을 7년간 수출 금지	–
중국	4월 17일	미국산 사탕수수에 178.6% 관세 부과	10억 달러
중국	4월 17일	운수장비 산업에 대한 외국인 투자 제한 폐지	–
미국	5월 29일	재차 중국에 관세 부과 성명	–
미국	6월 15일	중국산 818개 항목(340억 달러)에 25% 관세 부과, 284개 항목 보류	500억 달러
중국	6월 16일	미국산 수입품 545개 항목(340억 달러)에 25% 보복관세 부과 지시	500억 달러
미국	6월 29일	중국산 수입품에 10% 관세 부과 경고	2,000억 달러
중국	7월 2일	미국 반도체 대기업 마이크론의 중국 내 판매 금지	–
중국	7월 6일	대미 관세 강행(1차 340억 달러 품목 부과, 160억 달러는 7월 안에 부과)	500억 달러
미국	7월 10일	추가 10%의 관세 부과 절차 시작하라고 지시	2,000억 달러
미국	8월 1일	관세율을 10%에서 25%로 인상할 것을 검토하라고 지시	2,000억 달러
중국	8월 3일	미국산 제품 5,207개 품목에 5~25% 차별화 보복관세 부과 경고	600억 달러

출처: 최설화·염희현, 「차이나 이슈」, 한국투자증권, 2018.8.9, 1쪽.

B-52H 두 대가 남중국해를 비행하는 한편, 다른 한 대가 중국이 선포한 방공식별구역에 진입하여 동중국해 상공을 비행하고 괌의 기지로 귀환했다.

미국 의회 역시 행정부의 대 중국 압박에 동참했다. 2018년 8월 1일, 중국의 남중국해 활동과 미국 내 투자, 수출 등을 통제하는 내용이 포함된 2019년도 '국방수권법안'(NDAA)이 상원을 통과했다. 이 법안에서 중국이 남중국해 섬들에 대한 군사기지화를 중단할 때까지 '환태평양 훈련'(RIMPAC) 참가 금지가 명문화되었으며, 대만·인도와의 군사협력 관계를 강화하는 내용 역시 명문화되었다. 그리고 '외국인투자심의위 원회'(CFIUS)를 통해, 중국 자본의 미국 내 투자가 국가안보에 미치는 영향에 대한 심사를 진행할 것과 중요 기술에 대한 수출을 통제하는 내용, 중국이 미국 내 언론이나 문화단체, 기업, 학술단체 등에 어떤 영향력을 행사하고 있는지 1년마다 보고서를 제출토록 하는 규정, 그리고 미국 대학 내 중국연구소에 대한 미 국방부의 자금 지원 축소 등이 포함되었다.

그런데 이렇게 미국과 중국 간에 국제정치적, 국제정치경제적 갈등이 격화되고 있는 상황에서 북한의 김정은 위원장이 남북 정상회담 준비를 위해 방북한 남한 특사단에게 북미 정상회담을 제안했으며, 트럼프 대통령은 이 제안을 즉각 수락했다. 이후 무역전쟁을 위시한 미중 패권 경쟁과 북미 관계 개선 사이에는 미묘한 연관이 나타나고 있다.

2) 북미 관계의 불안정한 전환 : '최대의 압박과 관여'에서 북미 정상회담으로

트럼프 대통령은 '경제적·외교적 압박을 통해 북한의 행동과 입장 변화를 유도하며, 이러한 변화가 나타나는 조건에서 대화와 협상을 추진'한다는 '최대의 압박과 관여'(Maximum Pressure and Engagement)를 대북정책으로 천명하면서, 북한의 비핵화를 궁극적인 목표로 하여 김정은 정권을 압박하는데 중국의 역할을 강조했다.[51] 미 상원은 북과 거래하는 기업의 미 금융망 접근을 차단하는 법안을 발의했으며, 하원에서는 북한의 사이버 공격을 방조하는 중국의 통신 기업에 대한 제재를 표명했다. 이어 트럼프 행정부는 북핵 문제에 대해 강력한 대북 영향력을 행사하도록 요구했다. 이와 같은 미국의 강경조치에 대하여 중국은 대북 원유 공급 차단을 언급하는 등 김정은 정권에 대한 미국의 강압에 일정하게 공조하는 태도를 보였다. 아울러 던포트 미 합참의장이 북중 접경 북부전구 사령부를 방문함으로써 '조중우호조약' 균열 가능성에 대한 메시지를 통해 김정은 정권을 강압하는 전략을 사용했다.[52]

미국과 중국의 공조에 대해 북한은 군사적 도발로 저항했다. 북극성 2호, 화성 12형, 화성 14형 및 화성 15형 등 미사일 시험 발사를 지속했다. 특히 괌까지는 물론이고, 그를 넘는 미사일 사거리를 과시하면서 미국에 대한 군사적 위협 수위를 상승시켜 나갔다. 그리고 2016년, 시험 발사에 성공한 '잠수함발사탄도미사일'(SLBM)에 뒤이어 2017년, '지대함미사일'(ASBM)의 발사 시험을 했으며, 9월에는 제6차 핵실험을 단행했다. 이에 대해 미국은 UN 제재 조치를 강화했고, 트럼프 대통령은 북한의 김정은을 직접 겨냥한 말폭탄을 퍼부었으며, 전쟁 가능성을 시사하는 등 북미 간의 군사적 긴장은 최고조에 달했다.

미중 간 대북 제재 논의, 북한의 미사일 발사 시험에 대한 비판, 안보리 대북 제재에 대한 수용 등 중국이 미국의 대북 강압 정책에 동참하자 북한은 중국을 강력하게 비난했다. 북한의 반발에도 불구하고 중국 공산당 기관지 '인민일보'의 자매지인 '환구시보'는 사설에서 "북한이 계속 핵·미사일 개발을 감행해 미국이 외과수술식 타격을 할 경

51) 김상기, 「트럼프 행정부의 대북 정책과 한국의 과제」, 『Online Series』 CO17-12, 통일연구원, 2017, 2쪽.
52) 정종관, op. cit., 107쪽.

우, 중국은 군사적 개입을 할 필요가 없다"고 주장했다.[53] 물론 환구시보의 사설을 중국 정부의 공식적인 입장이라고 할 수는 없지만, '조중 우호조약'의 자동 개입 조항의 파기를 고려해야 한다는 상당히 파격적인 주장이었다. 이는 '순망치한'(脣亡齒寒)의 관계라고 지칭했던 북중 동맹에 균열이 발생했다는 것을 알 수 있게 한다. '동맹전이론'(Alliance Transition Theory)의 관점에서 보자면 '북중 동맹'의 약화는 결국 부상하는 중국의 '세력 약화'로 귀결된다. '동맹전이론'에 따르면 패권국에 대해 부상하는 도전국의 세력 전이는 경제력의 불균등 발전과 더불어 동맹의 강화를 통해서도 가능하다.[54] 따라서 잠재적인 도전국의 부상을 저지하기 위해서는 도전국의 동맹 관계를 약화시키는 것 역시 하나의 수단이 될 수 있다. 즉 재균형 전략 하에서 중국이 북한에 대한 영향력 발휘를 요구했던 오바마 행정부와 달리, 트럼프 행정부는 패권경쟁 차원에서 중국에 대한 압박을 강화하고 있는 상황에서 북핵 문제 해결을 위해 중국에게 일정한 역할을 요구하고 있으며, 이를 중국이 수용하는 것은 북중 동맹의 약화 내지는 균열을 야기할 수 있는 것이었다.

북한이 제안한 북미 정상회담에 대하여 미국의 트럼프 대통령은 즉각 수락 의사를 밝혔다. 불과 몇 달 전까지만 해도 말폭탄을 주고 받았던 상대의 정상회담 제안을 수용한 것은 과거 미국 대통령들의 태도와는 확연히 다른 것이었다. 물론 이는 트럼프 대통령의 독특한 리더십에서 기인하는 것일 수도 있지만, 대통령 개인의 리더십 문제를 넘어

---

53) 『서울신문』, 2017. 4. 23. (http://www.seoul.co.kr/news/newsView.php?id=20170424002003)

54) 동맹전이론에 대해서는 Woosang Kim, "Rising China, pivotal middle power South Koreaм, and alliance transition theory," *International Area Studies Review*, 2015 Volume 18 (3) 참조.

미국이 추구하는 정책 방향과의 연관을 살펴보아야 한다.

북미 정상회담으로 나아가는 과정에서 중국과 북한에 대한 미국의 태도는 뚜렷하게 상이했으며, 중국과의 긴장 고조와 북한과의 관계 개선은 '길항작용'처럼 나타났다. 미국은 2018년 3월 초, 북한이 제안한 북미 정상회담을 수용했지만, 중국과는 무역전쟁을 시작했다. 5월, 트럼프 대통령의 북미 정상회담 연기 선언과 곧 이은 재추진 선언 직후에 미국은 중국에 대한 관세 부과를 재확인했으며, 6월 12일, 북미 정상회담의 성공을 선언한 직후에는 340억$ 규모의 중국산 수입품에 대한 관세 부과를 실행에 옮겼다. 그리고 북미 정상회담 이후 "시진핑 주석은 정말로 (북중) 국경을 봉쇄해줬다. 그러나 지난 몇 달 동안은 그러지 않았다."라고 하면서, 중국에 대해 대북 제재를 보다 엄격하게 할 것을 압박했으며, 8월, 폼페이오 국방장관의 제4차 방북 무기 연기 선언과 더불어, "무역전쟁으로 그들(중국)이 전처럼 (북한의) 비핵화 과정을 돕지 않았다."라고 하면서 '중국 책임론'을 언급했다.

북한에 대해 '최대한의 압박'을 유지하던 때에도, 북미 정상회담 추진 과정에서도, 그리고 회담 이후 북미 관계가 교착 상태에 놓여 있을 때에도, 미국은 북한의 비핵화에 대한 중국의 역할을 압박했으며, 북한과의 정상회담을 수락하면서 중국에 대해서는 무역전쟁을 시작했다. 즉 미국은 '방어적 수용' 내에서의 최고조 압박인 무역전쟁을 통해 중국의 부상을 저지하고자 하면서 북한과는 협상을 시작했고, 협상이 교착 상태에 빠지게 되었을 때에는 북한에 대한 중국의 압박을 요구했다. 미국은 체계의 구조적 압력에 따라 중국의 부상을 저지하려 하는 가운데에, 북한과의 협상 역시 필요한 경우 중국에 대한 압박에 활용한 것이다. 북한과의 협상이 교착되었을 때에 중국책임론을 제기하는 것은 북미 관계 개선이 자신의 한반도, 나아가 동북아시아 지역에 대

한 영향력 약화를 우려하는 중국의 행동을 제한하는 것이 될 수 있다.[55]

2018년에 들어와 북한과 중국은 북미 정상회담의 개최가 결정된 이후 세 달 동안 세 차례 정상회담을 열었다. 이는 대단히 이례적인 것이었다. 중국도 북미 관계 개선 움직임에 있어 자신의 동맹국인 북한이 미국에 경사되는 것을 저지하는 한편, 북미 정상회담을 전후한 한반도 평화 정세에 있어 자신의 영향력을 유지하고자 한 것이다. 미국이 중국의 부상 저지를 목표로 '방어적 수용' 하에서 최대의 압박을 가하고 있으며, 북미 협상을 통해 북한과의 관계 개선에 나서고 있는 것에 대해, 중국 역시 자신의 영향력 약화를 용인하지 않으려고 대응하는 것은 당연하다 할 것이다. 즉 미중 패권 경쟁은 북한의 비핵화에 대한 미국과 중국의 행동에 영향을 끼치고 있다. 북한과의 협상이 중국을 압박하는 카드로 시작되었다고 단언할 수는 없을 것이지만, 만일 북핵 문제의 해결이 중국의 부상에 도움이 되는 것이었다면 미국은 굳이 북미 정상회담을 수락할 이유는 없었을 것이다.

트럼프 행정부에서의 '미국 우선주의'는 오바마 행정부에서의 재균

---

[55] 물론 미국 조야에서 트럼프 대통령의 대북 협상뿐만 아니라 미중 무역전쟁에 대하여 주류 언론들과 경제계 및 정치권에서 비판의 목소리가 크게 존재한다. 특히 지난 중간 선거에서 민주당이 하원 선거를 압도적으로 승리하면서 트럼프 대통령의 대외정책 전반에 대한 반대의 목소리가 더욱 고조될 것이다. 이러한 상황에서 트럼프 대통령의 대북 협상 정책 및 대중 무역전쟁을 미국의 이해관계를 올바르게 반영하는 합리적 정책이 아니라 트럼프 대통령의 독단적인 결정으로 보아야 한다는 주장이 있다. 그러나 국내적 비판의 목소리는 민주주의 국가에서 항상 존재하는 것이며, 국내적 비판 때문에 현실에서 진행되고 있는 대외정책을 해당 국가의 합리적 선택이 아니라고 볼 수는 없다. 미중 무역전쟁으로 인해 피해를 볼 수 있는 경제계의 비판이 있다면, 그런 비판에도 불구하고 이를 진행하고 있는 원인을 규명하는 것이 필요한 것이다. 특히 대북 협상 정책에 대한 비판은 주로 북한에게 기만당하고 있다는 정치적 비판이 주를 이루고 있으며, 북한의 비핵화 이후 대북 제재를 해제하겠다는 트럼프 대통령의 원칙 자체에 대한 비판은 아니다. 트럼프 대통령 개인의 독단적 리더십을 원인으로 현재의 사안들을 분석하고자 한다면, 트럼프 대통령의 대외정책이 미국의 이해관계에 어긋난다는 것을 먼저 규명해야 할 것이다.

형 정책과 다르게 중국의 부상을 저지하겠다는 일관되고 뚜렷한 방향성을 보였다. 트럼프 대통령이 북한의 태도를 문제 삼으면서, 1차 북미 정상회담을 무기 연기하겠다고 선언했을 때, 그리고 북한의 김영철 서한 내용을 문제 삼아 폼페이오 국무장관의 4차 방북을 무기 연기한다고 선언했을 때에, 각각 중국배후론을 언급했다. 즉 트럼프 대통령은 북미 협상에서조차 중국에 대한 압박을 지속적으로 가하고 있다. 시진핑 주석은 러시아에서 열린 동방경제포럼 전체회의 좌담에서 "지금 (한반도 문제의) 당사국은 북한과 한국, 미국"이라며 "(중국은) 그들이 한반도의 비핵화와 평화를 위한 과정을 진행하는 데 협조하겠다."라고 언급하면서, 북미 관계 개선에 중국배후론이 언급되는 것을 신중하게 경계하는 모습을 보였다.[56] 따라서 북미 협상이 중국의 행동을 일정하게 제약하는 효과를 나타냈다고 할 수 있다.

그러나 무역전쟁에 있어 중국은 미국의 일방적 요구를 수용하는 것에 대해서는 소극적 태도를 보이고 있다. 이는 현재 미국이 중국에 대해 대미 흑자 축소를 요구하고 있는 무역전쟁의 이면에 미국의 다른 근본적 요구—예를 들면 중국 경제의 미래 산업 성장 가능성 차단, 지정학적 영향력의 대폭 축소, 금융 시장 개방 등—가 있을 수 있다는 중국의 우려 때문이라고 생각된다.

이렇게 중국과의 갈등이 고조되고 있는 상황이 역설적으로 북미 관계에는 기회의 창을 새롭게 열어준 것이었다. 그렇지만 미중 패권경쟁의 추이에 따라 미국의 대 중국 전략이 '방어적 수용'에서 '공격적 봉쇄'로 전환될 수도 있다. 이렇게 될 경우, 미국에 대한 중국의 저항이 거세지면서 이번에는 북한이 북중 동맹으로 인한 '연루의 딜레마'에 빠지

---

56) 『경향신문』, 2018. 9. 13. (http://news.khan.co.kr/kh_news/khan_art_view.html?art_id=201809131838001).

조성만과 한반도 평화

게 될 수 있다. 중국에 대한 '공격적 봉쇄'가 나타나고, 북한이 '연루의 딜레마'에 빠지게 된다면 북미 관계는 또 다른 불확실성에 접어들 것이다. 반대로 미국과 중국이 무역전쟁에 있어 타협을 이루어 내고, 새로운 균형점을 모색하는 것으로 상황이 전개된다면, 미국의 입장에서 북핵 문제 해결의 우선 순위가 후퇴할 수도 있다. 특히 북핵 폐기에 대한 미국의 CVID 원칙은 더욱 완고해질 것이며, 비핵화 프로세스를 추동하기 위한 대북한 인센티브의 제공 가능성은 점점 약화될 것이다. 이렇게 된다면 북미 협상은 장기화하거나 표류할 가능성도 있으며, 이는 시간이 북한의 편이 아니라는 것을 보여준다.

5. 결론

북미 관계는 한반도 평화 정착에 가장 중요한 요소가 된다. 미국이 북한에 대하여 강압으로 일관하는 경우에 북한은 군사적 도발 수위를 높이면서 한반도의 긴장을 고조시켜왔다. 미국은 동북아 국제정치 질서의 한 부분으로 북미 관계를 바라보았으며, 따라서 미중 관계를 기본 축으로 북미 관계에 대한 정책 변화를 보였다.

중국과 협력 관계를 구축했던 '차이메리카'의 시기에, 부시 행정부의 대북정책은 일방주의적 강압이었다. 이후 중국에 대해 '재균형'을 추구했던 오바마 행정부의 대북 정책은 '전략적 인내'였으며, 다자주의적 억지 레짐의 형성이 중심이 되었으며, 북핵 문제 해결을 위해 직접 나서는 것에 대해 소극적이었다. 그러나 트럼프 행정부의 '미국 우선주의'에 따른 대외정책, 특히 무역전쟁은 중국에 대한 대전략 변화—방어적 수용에서 공격적 봉쇄—의 가능성을 분명히 했다. 따라서 만일 북핵 문제 해결이 중국의 부상에 도움이 된다면 미국은 북미 협상에 직접 나설 수 없었을 것이다. 그러나 북핵 문제 해결이 중국의 부상 저지에 도움이 될 수 있다면, 미국의 정책적 선회는 논리적으로나 현실적으로나 가능한 것이었다. 미국의 북한에 대한 '최대한의 관여와 압박' 정책은 북한의 정상회담 제의를 수용하면서 북미 협상으로 전환되었다. 이는 중국의 동북아 지역 전략에 균열을 야기할 수 있는 것이었으며, 같은 시기에 시작된 중국과의 무역전쟁과 맞물리면서 북미 협상 역시 중국에 대한 압박에 활용되었다.

이에 대한 중국의 대응은 북한과의 관계 강화였다. 북미 정상회담 제안에 대하여 미국이 수용한 후, 중국은 북한과의 정상회담을 3월부터 6월 사이에 세 차례나 개최했다. 이는 대단히 이례적인 것으로 북미 관계 개선에 대한 중국의 우려를 보여주는 것이었다. 중국은 북미 관계 개선 이후 자신의 동맹국인 북한이 미국에 경사되는 것을 저지하고자 한 것이며, 한반도 평화 체제를 향한 진전이 나타나게 되더라도 동북아 지역에서 자신의 영향력 유지를 위한 방안을 모색하고자 한 것이었다.

현재 진행되고 있는 미중 간의 무역전쟁에 대한 타협이 이루어지지 않는다면, 미국의 대전략이 '공격적 봉쇄'로 전환될 수도 있으며, 그렇게 된다면 미국에 대한 중국의 저항은 현저하게 강화되어 중국과 동맹국인 북한은 '연루의 딜레마'에 빠지게 될 수 있다. 반면에 미중 간의 타협을 통해 새로운 균형점이 나타난다면, 미국에게 있어 북한 문제 해결은 대외정책의 우선 순위에서 지금보다 후퇴할 수 있으며, CVID라는 미국의 북핵 폐기 원칙은 더욱 완고해질 것이다. 그로 인해 북미 협상은 장기화되거나 표류할 가능성도 있으며, 결국 시간은 북한의 편이 아니라는 것을 보여준다.

따라서 북미 관계 개선을 바탕으로 한반도 평화 정착을 향한 새로운 길을 향해 나아가야 하는 현재, 우리의 역할이 중요하다. 북미 협상에서 조정자이자 촉진자로서 우리의 역할을 자리매김하는 것은 우리의 핵심적 이익을 반영하기 위한 노력이다. 문제는 현재 북미 협상의 교착 상태를 해결할 수 있는 방안이 우리에게 있는가 하는 점이다. 북한은 자신들의 일정한 비핵화 조치에도 불구하고 미국의 완강한 태도에 불만을 표명하고 있다. 이러한 불만은 불안감의 다른 측면이기도 하다. 즉 미국에 대한 북한의 안보 트라우마는 비핵화 이후 체제 안전 보장과 제재 해제에 대한 미국의 약속을 신뢰하지 못하게 하고 있다. 따라서 북한에 대해 미국의 약속 이행에 대한 보증자가 우리가 될 수 있다면 교착 상태에 놓여 있는 북미 협상의 촉진자로서 역할을 할 수 있을 것이다. 그러나 보증자가 된다는 것은 우리의 능력 범위를 벗어나는 문제이다. 그렇지만 북한의 비핵화 프로세스를 보다 단계적으로 세분화하고. 각 단계마다 북한의 선제적 행동에 대해 미국이 제공할 수 있는 보다 세분화된 인센티브를 확인하고, 이와 더불어 우리가 제공할 수 있는 인센티브를 바탕으로 북한을 설득하는 노력을 기울일 수 있을 것이라 생각한다.

 미중 관계의 타협 여부에 따라 북중 동맹의 '연루 딜레마'가 작동되거나, 미국에게 북핵 문제 해결의 우선 순위가 후퇴할 수 있다는 점을 설득해야 한다. 북한의 희망과는 반대로 시간은 북한의 편이 아니며, 기회의 창이 닫힐 수 있다는 점을 설득해야 할 것이며, 미국을 비난하는 것은 쉬운 일이지만 북한의 미래를 위해 중요한 것은 미국을 움직일 수 있어야 한다는 것을 설득해야 한다. 이는 실무 차원에서가 아니라 정상 차원에서 구체적 단계에 대한 '탑-다운'(top-down) 방식으로 이루어져야 할 것이다. 남북정상회담을 통한 설득이 패권국 미국의 단계적 행동으로 나타나게 하려면 역시 한미 정상회담을 통한 '탑-다운' 방식이 작동되어야 할 것이다. 특히 북미 정상회담의 합의문에도 불구하고 현재와 같은 북미 협상의 교착을 방지하려면, 정상 차원에서 구체적인 프로세스에 대한 합의가 공식적이든 비공식적이든 이루어져야 할 것이다. 이렇게 단계적 진전이 가능하게 될 때, 중국까지를 포함한 출구 전략에 대한 논의, 곧 북미 관계 정상화와 한반도 평화체제에 대한 논의가 시작되어야 할 것이다. 결국 이러한 과정이 한미동맹의 공고화, 중국과의 협력 강화, 남북관계의 개선이라는 트릴레마를 극복하는 우리의 숙명과도 같은 과제를 풀어가는 길이 될 것이다.

▣ 참고자료

김경규, 「트럼프 행정부의 최대 압박 및 관여 정책: 특징, 한계, 우선 순위」, 『한국군사』 (1), 2017.6.

김관옥, 「트럼프 행정부의 '미국 우선주의' 대외정책 연구」, 『국제정치연구』, 동아시아국제정치학회, 2017.6.

김상기, 「트럼프 행정부의 대북 정책과 한국의 과제」, 『Online Series』 CO17-12, 통일연구원, 2017.

김일수, 「트럼프 행정부의 핵 비확산 정책과 한반도 평화」, 『국제정치연구』 제20집 2호, 2017.

김 정, 「트럼프 대통령의 선거기반과 외교정책: 녹지대 경합주 백인 유권자 잭슨주의 고립주의」, 『IFES현안진단』 1-2, 2016.

남궁 곤, 「오바마 행정부 국제주의 외교정책의 역사적 유산과 실제」, 『국제정치논총』 제50집 1호, 2010.

배원영, 「고립주의의 특질과 트럼프 행정부의 대외정책 전망」, 『한국정치외교사논총』 39 (1), 2017.

서보혁, 『탈냉전기 북미관계사』, 서울: 선인, 2004.

서정건, 차태서, 「트럼프 행정부와 미국 외교의 잭슨주의적 전환」, 『한국과 국제
　　　정치』 제33권 제1호, 2017 봄.

이상만, 김동찬, 「미·중간 장기 협력 관계의 형성과 변화에 대한 변증법적 고찰:
　　　인식의 전환과 핵심 국가 이익의 정의를 중심으로」, 『중소 연구』 41권
　　　제2호, 2017 여름.

이원영, 「패권국 통화정치 연구: 역플라자 합의를 중심으로」, 서울대학교 박사학
　　　위논문, 2018.

이정철, 「오바마 독트린과 미국의 대북정책 프레임: 지정학, 핵전략, 불량국가」,
　　　『한국정치연구』 제25집 제1호, 2016.

이정철, 「미국의 재균형화와 북한의 수정주의 국가화」, 『유라시아연구』 제10권
　　　제4호(통권 제31호), 2013.12.

장루이장(張睿壯), 「신형대국관계 전략의 기원과 난제」,
　　　(http://sics.skku.edu/bbs/ board.php?tbl=korean&mode=VIEW&num=70&category=
　　　&gr_id=302010&bbs_type=&admin_type=&findType=&findWord=&sort1=&sor
　　　t2=&it_id=&shop_flag=&mobile_flag =& page=1).

정종관, 「트럼프 행정부의 대북 강압 전략 연구와 한국의 대응 전략」, 『한국동북
　　　아논총』 제86호, 2018.

최설화·염희현, 「차이나 이슈」, 한국투자증권, 2018.8.9.
　　　(https://ssl.pstatic.net/ imgstock/upload/research/invest/1533783385313.pdf).

함택영, 「북핵문제 해결과 한반도 평화체제의 모색: 미중 관계와 북한의 안보 위
　　　협 인식」, 『현대북한연구』 제17권 (2), 2014.

Allison, Graham, *Destined for War: Can America and China Escape Thucydides
　　　Trap?*, Boston: Houghton Miffliin Harcourt, 2017.

Bergsten, Fred C., "Addressing Currency Manipulation Through Trade Agreements,"
　　　Policy Brief No.14-2, Peterson Institute For International Economics, Jan 2014.

Bergsten, Fred C., "A Partnership of Equals: How Washington Should Respond to
　　　China's Economic Challenge", *Foreign Affairs* 2008 (July/Aug).

Bremmer, Ian, 박세연 역, 『리더가 사라진 세계: G제로 세계에서의 승자와 패자』, 파주: 다산북스, 2014.

Cha, Taesuh, "Return of Jacksonianism: The International Implication of the Trumph Phenomenon," *The Washington Quarterly* Vol.39 (4), 2016.

Clarke, Michael and Anthony Ricketts, "Understanding the Return of the Jacksonian Tradition," *Orbis*, 2017, Vol 61 (1).

Clinton, Hillary, "America's Pacific Century," *Foreign Policy*, 2011.10.11.

Committee on Intelligence, U.S. House of Representative, *Investigative Report on the U.S. National Security Issues Posed by Chinese Companies Huawei and ZTE*, Oct. 8, 2012.
(https://intelligence.house.gov/sites/intelligence.house.gov/files/documents/huawei-zte%20investigative%20report%20(final).pdf).

Department of Defense, "Sustaining US Global Leadership: Priorities for 21st Century Defense," 2012.1.
(http://archive.defense.gov/news/defense_strategic_ guidance.pdf).

Department of Defense, "Quadrennial Defense Review," 2014.3.
(http://archive. defense.gov/pubs/2014_quadrennial_defense_review.pdf).

Department of Defense, *National Security Strategy*, Dec. 2017.
(https://www.whitehouse.gov/wp-content/uploads/2017/12/NSS-Final-12-18-2017-0905.pdf).

Ferguson Niall and Moritz Schularick, "Chimerica and Global Asset Market Boom," *International Finance* 10:3, 2007.

Ferguson Niall and Moritz Schularick, "The End of Chimerica," *International Finance* 14:1, 2011.

Gilpin, Robert, *The Political Economy of International Relation*, Princeton: Princeton University Press, 1987.

Gilpin, Robert, *War and Change in World Politics*, Cambridge University Press: N.Y., 1981.

Kazin, Michael, "Trump and American Populism: Old Whine, New Bottles," *Foreign*

조성만과 한반도 평화

Affairs 2017 November/December.

Kim, Woosang, "Rising China, pivotal middle power South Koream, and alliance transition theory," *International Area Studies Review*, 2015 Volume 18 (3).

Kindleberger, Charles, *The World in Depression, 1929~1939*, Berkley: University of California Press, 1973.

Krippner, Greta R. 2005. "The Financialization of the American Economy." *Socio -Economic Review* 3.

Layne, Christopher, "The Unipolar Illusion: Why New Great Powers Will Arise," *International Security*, Vol. 17, No.4. 1993.

Mead, Walter Russell, *Special Providence: American Foreign Policy and How It Changed the World*, New York: Routledge, 2009.

Mead, Walter Russell, "The Jacksonian Revolt: American Populism and the Liberal Order," *Foreign Affairs* 2017 March/April.

Monteiro, Nuno P., *Theory of Unipolar Politics*, N.Y.: Cambridge Press, 2014.

Monteiro, Nuno P., "Unrest Assured: Why Unipolarity Is Not Peaceful," *International Security*, Vol.36, No.3, Winter 2011/12.

Nye, Joseph. S., "The Kindleberger Trap," (https://www.project-syndicate.org/commentary/trump-china-kindleberger-tr ap- by-joseph-s—nye-2017-01).

Pritchard, Charles L., *Failed Diplomacy: the tragic story of how North Korea got the bomb*, Washington D.C.: Brookings Institution Press, 2007.

Snyder, Glenn H., "Alliance Theory: A Neorealist First Cut," *Journal of International Affairs*, Spring, 1990, 44:1.

Triffin, Robert, *Gold and the dollar crisis: The future of convertibility*, New Haven: Yale Univ. Press, 1960.

Waltz, Kenneth N., *Theory of International Politics*, New York: McGraw Hill, 2979.

Waltz, Kenneth N., "The Emerging Structure of International Politics," *International Security*, Vol. 18, No.2, 1993.

Walt, Stephen M., *The Origins of Alliances*, Ithaca: Cornell University Press, 1987.

Wohlforth, William C., "The Stability of a Unipolar World," *International Security*, Vol.24, No.1, 1999.

Military expenditure by country, in constant (2016) US$ m., 2009-2017.
(https://www.sipri.org/sites/default/files/1_Data%20for%20all%20countries%20from%201988%E2%80%932017%20in%20constant%20%282016%29%20USD.pdf1988%E2%80%932017%20in%20constant%20%282016%29%20USD.pdf)

"Rice targets 6 'outpost of tyranny'," *Washingtontimes*, Jan. 19, 2005.,
(https://www.washingtontimes.com/news/2005/jan/19/20050119-120236-9054r/).

"The 2006 State of the Union Adress,"
(http://whitehouse.georgewbush.org/news /2006/013106.asp).

"President Barack Obama's First Inauguration Speech,"
(https://www.aol.com/article/news/2017/01/19/president-barack-obamas-first-inauguration-speech-full- text/21657532/).

"President Donald J. Trump's State of the Union Address," Issued on Jan. 30, 2018,
(https://www.whitehouse.gov/briefings-statements/president-donald-j-trumps - state-union-address/).

『경향신문』, 2018. 9. 13.
(http://news.khan.co.kr/kh_news/khan_art_view.html?art_id=201809131838001).

『서울신문』, 2017. 4. 23.
(http://www.seoul.co.kr/news/newsView.php?id= 20170424002003)

부 록

조성만

1964년 12월 13일(음력) 전북 김제군 용지면 용암리 모산마을에서 조찬배, 김복성의 4남 중 둘째로 태어났다. 전주 해성고에 입학한 해에 5·18 광주민중항쟁을 겪으며 사회적 자아를 만났고, 고교 시절 중앙성당에서 만난 문정현 신부의 삶에서 큰 영향을 받았다. 이때 가슴에 품은 신부의 꿈은 죽는 날까지 변하지 않았다. 그의 인생은 사제의 길을 향한 '순례자'의 삶이었다.

한 차례 재수 끝에 1984년 서울대 자연대 화학과에 입학하였다. 입학 후 서울대 자연대의 학생운동 써클과 명동성당 가톨릭민속연구회에서 활동했다. 1985년 군에 입대하였으며, 1987년 제대 후 복학을 포기하고 신부가 되려고 했으나 가족의 반대로 졸업 이후로 뜻을 미루었다.

1987년 조성만은 명동성당 청년단체연합회 가톨릭민속연구회의 회장으로 선출되었다. 1987년 6월 항쟁 시기에는 군사독재에 항거하는 시위에 적극적으로 참여하여 길거리와 명동성당에서 독재정권에 맞서 싸웠다. 그해 12월에는 대통령선거 당시 개표소였던 구로구청에서 부정선거를 자행하고 있다는 의심할만한 정황을 목격하고, 시민들과 함께 투표함을 지키기 위해 마지막까지 저항하다 연행되어 10일간의 구류를 언도받아 경찰에 구금되었다.

서울올림픽을 앞둔 1988년 5월 15일, 명동성당 교육관 옥상에서 5·18 기념행사를 준비하고 있는 성당 벗들의 모습을 마지막으로 바라본 후 할복 투신했다. 스물넷, 짧은 삶이었다. 공동 올림픽 개최, 한반도 통일, 주한미군 철수, 군사정권 반대, 양심수 석방 등을 외치며 투신 전에 뿌린 유서는 80년대 청년들의 심금을 울렸다.

조성만은 현재 광주 망월동 구묘역에 누워있다. 조성만을 기억하는 벗들은 지금까지 매해 조성만의 기일인 5월 15일, '가톨릭평화공동체'에서 주관하는 추모미사와 문화 행사를 갖고, 직후 토요일에 광주 망월동 묘역을 참배하고 있다.

- 세례명 : 요셉
- 父 : 조찬배   母 : 김복성
- 1964년 12월 13일 출생
- 80년 전주 해성고 입학, 재학 중 문정현 신부님으로부터 영세 받음
- 83년 전주 해성고 졸업
- 83년 재수 당시 명동성당 청년단체연합회 문화위원회 소속 가톨릭 민속연구회 가입
- 84년 서울대 자연대 화학과 입학
- 84년 2학기 휴학
- 85년 2월 군 입대
- 87년 5월 군 제대
- 87년 명동성당 청년단체연합회 문화위원회 소속 가톨릭 민속연구회 회장으로 선출
- 87년 2학기 복학
- 87년 12월 구로항쟁 항쟁 시 10일 구류
- 88년 5월 15일 명동성당 교육관 옥상에서 할복, 투신(당시 24세)
- 88년 5월 19일 광주 망월동 5·18 묘역 안장

통일열사 조성만 30주기 추모사업위원회와
추모사업 소개

이원영

| 통일열사 조성만 30주기 추모사업위원회 집행위원장

조성만 형제의 추모사업을 진행해왔던 가톨릭평화공동체에서는 2017년 가을, 그가 우리 곁을 떠난 지 30년이 되는 2018년의 30주기 추모행사가 조성만을 기억하는 사람들이 보다 폭넓게 참여할 수 있는 행사가 될 수 있도록 30주기 추모사업 기구를 구성하기로 결정했다. 이에 조성만의 고등학교 동창, 과거 명동성당에서 함께 활동했던 선후배들, 서울대학교 자연대 동문들 및 그를 기억하는 사람들을 최대한 포함하는 '통일열사 조성만 30주기 추모사업위원회' 구성을 제안하였다. 2018년 1월부터 준비 모임을 시작하여 통일열사 조성만 30주기 추모사업의 내용을 확정했다.

5월 15일, 명동 가톨릭회관 2층 강당에서 기일 미사를 드리고 '통일열사 조성만 30주기 추모사업위원회' 발족식을 가졌다. 30주기 추모사업위원회의 상임대표는 김지현(천주교 인권위원회 이사), 공동대표로는 곽성근(가톨릭평화공동체 대표), 김인환(가톨릭 공동선연대 대표), 변연식(천주교인권위원회 이사), 상지종(신부, 의정부교구 정의평화위원회 위원장), 장원택(서울대민주동문회 공동대표)을, 집행위원장으로 이원영(서울대학교 한국정치연구소 연구원)을 선임하였다.

5월 19일에는 광주 망월동 묘역 순례를 했다. 묘역 순례는 광주 '가톨릭 공동선연대'와 함께 공동으로 주최하였다. 아침 일찍 서울에서 출발한 순례단과 광주 지역의 '가톨릭 공동선연대' 회원들, 민주 열사 부모님들 등 150여 명이 참여한 가운데 망월동 구묘역에서의 미사, 망월동 구묘역과 신묘역 순례 및 전남 구 도청 광주 5·18 기념관 순례의 순서로 진행했다. 특히 광주 항쟁을 경험했던 분들이 망월동 묘역에서 당시 상황에 대한 해설을 진행했다.

5월 31일에는 조성만 30주기 추모미사가 '조성만 30주기, 민주화를 위해 헌신한 이들을 위한 미사'라는 제목으로 명동 대성당에서 천주교 서울대교구 정의평화위원회와 30주기 추모사업위원회의 공동 주관으로 개최되었다. 이 미사는 조성만 사후 처음으로 명동성당에서 드리는 추모 미사였다. 30년 만에 처음으로 교회가 그를 공식적으로 추모하는 미사의 주례 사제는 유경촌(디모테오) 주교님이 맡아 주셨다. 교회에서 공식적으로 추모 미사를 진행할 수 있게 도움을 주시고, 직접 주례 사제까지 맡아 주신 데에 대해 주교님께 감사 인사를 드린다. 미사의 성가대는 1980년대 말~1990년대 애국크리스챤청년연합에서 활동했던 당시 서울대교구 8지구 청년연합회 노래모임 '아침이슬'과 '평화의 나무' 합창단의 가톨릭 신자들, 그리고 '정의평화민주가톨릭행동'의 회원들이 함께 구성했다.

9월 8일, 명동 전진상 교육관에서 조성만 30주기를 추모하는 심포지엄 '조성만과 한반도 평화'를 개최했다. 심포지엄에서는 조성만의 죽음에 대한 신학적, 정치적 의미를 성찰하고 현재 한반도 평화를 둘러싼 정세를 살펴보는 발제와 토론이 있었다. 발제자로는 심현주(신학 박사),

이대훈(성공회대 교수), 조영주(북한학 박사), 이원영(정치학 박사), 경동현(신학 박사) 등이 수고해주었다. 발제자들 중 심현주 박사, 이대훈 교수, 이원영 박사는 조성만과 함께 명동성당에서 활동했던 이들로서 더욱 생생한 발제가 될 수 있었다. 심포지엄에서의 발표 원고는 저자들의 수정 보완을 거쳐 본 책자로 출판되었다.

조성만 30주기 추모사업의 일환으로 조성만 흉상을 제작, 배포하였다. 흉상은 서울대 조소과의 곽나현 씨를 비롯한 선후배들이 함께 제작해 주었다. 그리고 2018년의 30주기 추모사업을 마무리하는 뜻에서 12월 31일, 광화문 세종로 공원에서 '한반도 평화를 위한 미사'가 있었다. 이 미사는 천주교 서울대교구 정의구현사제단이 주최하고 '통일열사 조성만 30주기 추모사업위원회'의 주관으로 진행되었으며, 주례 사제는 함세웅(아우구스티누스) 신부님이 맡아 주셨다. 미사의 성가대는 '평화의 나무' 합창단 중 가톨릭 신자들과 '정의평화민주가톨릭행동' 회원들로 구성되었으며, 미사에서 화가이자 행위예술가 배달래 님과 무용가이자 행위예술가인 김영찬 님 두 분이 한반도의 평화와 통일을 염원하는 감동적인 퍼포먼스를 보여주었다.

그리고 30주기 추모사업으로 조성만의 삶과 죽음을 기록한 온라인 공간 '조성만 기억저장소'가 영문 도메인으로는 'chosungman.kr'과 한글 도메인으로로는 '조성만.kr'이라는 주소로 구축되었다. 이는 조성만의 삶과 죽음에 대한 기록들을 디지털화하여 반영구적으로 보존하는 공간이다. 조성만에 관련된 자료를 소유하고 있는 사람들은 여기에 자신의 자료를 디지털화하여 업로드할 수 있게 만들어져 있다. 보다 많은 자료가 이곳에 전시되어 많은 이들이 조성만의 삶과 죽음을 성찰할 수 있는 곳이 되기를 바란다.

끝으로 30주기 추모사업으로 목표했지만 끝내지 못한 것이 바로 명동성당에 조성만의 죽음을 기억하는 표지석을 설치하는 작업이다. 이는 아직 교회로부터 승인을 받지 못했지만 지속적으로 접촉, 설득하여 그를 기억하는 표지석을 설치하고자 한다.

　'통일열사 조성만 30주기 추모사업위원회'의 활동은 2018년을 끝으로 마무리되었지만, 조성만과 함께 한반도 평화를 향한 나아가고자 하는 우리의 노력은 한반도의 항구적 평화가 정착될 때까지 계속될 것이다. 30주기 추모사업을 위해 대표단을 맡아 주신 분들, 흉상 제작과 조성만 기억저장소 구축에 도움을 주신 분들, 12월 31일 한반도 평화미사에 함께 해주신 함세웅 신부님과 공동 집전해주신 신부님들, 모금에 동참해준 분들, 여러 행사에 참여해 주신 분들, 그리고 항상 마음으로 함께하고 기도해주신 모든 분들께 감사드린다. 특히 책자 출판에 큰 도움을 주신 김원호 선생님과 30주기 추모미사를 명동성당에서 할 수 있도록 30주기 추모미사의 주례 사제를 맡아주신 유경촌 주교님께 이 자리를 빌려 다시 한번 감사드린다. 그리고 민주주의와 한반도 평화를 위한 자리에 지난 30년 세월을 항상 아들 대신에, 아니 아들과 함께 참석해오신 조성만의 부모님 조찬배 아버님, 김복성 어머님, 두 분께 감사드린다.

조성만 30주기,
민주화를 위해 헌신한 이들을 위한 미사 강론*

유경촌 주교

| 천주교 서울대교구 사회사목 담당 주교

   영국 이코노미스트지가 발표한 2017년 세계 167개국의 민주주의 지수를 보면, 한국의 민주주의 지수는 20위로 '완전한 민주주의'국가로 분류되지는 않았지만, 아시아 국가들 가운데서는 가장 순위가 높았습니다. 오늘날 우리가 이 정도의 민주주의 사회에서라도 살아갈 수 있게 된 것은 분명 지난날 나라의 민주화를 위해 자신을 희생한 수많은 사람들 덕분입니다. 어찌 보면 우리가 그분들께 빚을 지고 살아가고 있는 것이 아닌가 하는 생각도 듭니다. 그 빚을 갚는 방법은 우리가 얻은 민주주의를 잘 가꾸고 발전시켜 우리의 후손들에게 잘 물려주는 일일

---

* 이 미사 강론은 천주교 서울대교구 사회사목국이 주관하여 매월 개최하는 '사회적 약자와 함께하는 미사'에서 '고 조성만 30주기, 민주화를 위해 헌신한 분들을 위하여'를 주제로 2018년 5월 31일 명동대성당에서 봉헌한 추모미사 강론이다. 미사에 참석한 유가족과 지인들은 명동대성당에서 조성만을 추모하는 미사가 봉헌되는 것은 30년 만에 처음이라고 의미를 강조했고, 400명 이상이 참석한 미사가 끝난 뒤에는 조성만이 투신한 교육관 옆에 그의 영정을 세워 두고 추모 행사가 이어졌다. 강한, 「30년 만에 명동성당에서 조성만 추모미사 봉헌」, 『가톨릭뉴스 지금여기』 2018년 6월 1일 자 기사 참조.

것입니다. 민주주의를 계승 발전시키기 위한 지속적인 노력이 요구되는 이유는 그것이 언제라도 퇴보하거나 깨져버릴 수 있기 때문입니다.

오늘 이 미사에서 우리는 사회적 약자들을 위해 자신을 기꺼이 희생한 이들을 기억합니다. 나라의 민주화를 위해 헌신하신 분들을 기억합니다. 특별히 올해 30주기를 맞이한 故 조성만 요셉 형제를 추모하며 이 미사를 봉헌합니다.

조성만 요셉 형제는 1964년 12월 전북 김제군에서 출생했고, 5·18 광주민중항쟁이 일어난 해에 전주 해성고등학교에 입학했습니다. 전주 중앙성당에서 문정현 신부님한테서 세례성사와 함께 삶의 큰 영향을 받았습니다. 이때부터 고인은 줄곧 죽는 순간까지 사제가 되고 싶은 꿈을 버리지 않았습니다. 서울 올라와 독서실에서 숙식하며 재수학원을 다닐 때, 주일미사를 다녔던 이곳 명동성당은 당시 입시준비에 지친 고인에게 유일한 쉼터였습니다. 1984년 대학에 입학한 후, 고인은 명동성당 청년연합회 소속 가톨릭민속연구회에서 활동했습니다. 군복무를 마친 1987년 복학을 포기하고 신학교를 가고자했지만 부모님의 반대로 뜻을 미뤄야 했습니다. 1987년 6월 민주항쟁 때에 명동성당에서 독재정권에 맞서 싸웠고, 가톨릭민속연구회 회장이 되었습니다. 그해 12월 대통령선거에서 부정선거를 목격하고 투표함을 지키기 위해 구로구청에서 마지막까지 저항하다 구류를 살기도 했습니다. 명동성당 청년들과 함께 5·18 기념행사를 진행하던 1988년 5월 15일, 민주의 제단에 몸을 바쳐 24살의 짧은 생을 마감했습니다. 고인은 한반도 통일과 미군철수, 군사정권반대, 올림픽남북공동개최 등의 염원을 유서로 남겼습니다.

짧디 짧은 고인의 삶을 되돌아보며 그가 왜 그렇게 빨리 우리 곁을 떠나야만 했을까 참으로 안타까울 뿐입니다. 누구라도 그랬겠지만, 제가 만일 고인을 생전에 만났더라면 어떻게 해서라도 그런 결정을 말렸을 텐데요... 살아남아서 조국의 민주화와 통일을 위해, 그리고 고인이 그토록 바라던 대로 어려운 처지에서 살아가는 이들과 함께하는 참 사제의 길을 갈 수 있었더라면 얼마나 좋았을까 하는 마음뿐입니다.

하지만 역사의 시계를 30년 전으로 다시 돌릴 수 없음을 우리는 잘 압니다. 그러기에 오늘 저는 고인을 추모하면서, 그의 삶으로부터 느낀 두 가지 인상적인 모습을 여러분과 나누고 싶습니다.

첫째는 고인이 시대와 민족의 아픔을 온전히 자기 것으로 삼고 살고자 애쓴 모습입니다. (저는 그 시대에 그런 고민으로 밤잠 못자고 힘들어하지 않았거든요...) 군사독재정권 치하에서 얼마나 많은 사람들이 힘들게 살고 있는지 그는 알았습니다. 그래서 그 약자들을 도우며 함께 살고 싶어 했습니다. 특별히 가난한 농민과 어민들을 돕고 싶어 했습니다. 명동성당 청년모임인 가톨릭민속연구회(가민연) 활동을 했던 것도 가난한 농민과 농촌문화에 대한 그의 각별한 관심 때문이었습니다. 적당히 현실과 타협하며 이웃에 대한 무관심에 중독된 소시민의 삶을 그는 거부했습니다. 그리고 이런 고인의 자세는 지금도 남은 우리들에게도 여전히 하나의 도전입니다. 우리도 지금 그런 고민으로 밤잠 못자고 있습니까?

두 번째는 요셉 형제가 예수님을 따르기 위한 고뇌와 자기 성찰을 잃지 않고 스스로 청빈을 선택하고 성경을 묵상하며 기도했다는 것입니다. 어떤 날은 고통 받는 민중을 위해 밤새워 기도하기도 했고, 당시 거리로 내쫓긴 철거민들과 공장의 파업노동자들은 그가 기도하지 않으면 안되는 이유이기도 했습니다. 고인은 신부가 되어 농민들과 함께하는 자신을 상상할 때마다, 윤동주의 〈서시〉를 읊조렸다고 합니다. 언제까지나 하늘과 땅을 우러러 한 점 부끄러움이 없는 삶을 살기를 열망했던 것입니다.

교우여러분! 오늘 복음에서 엘리사벳의 인사를 받은 성모마리아는 마니피캇을 노래했습니다. 참으로 '비천한 이들을 들어 높이시고 굶주린 이들을 좋은 것으로 배불리시는' 주님의 자비가 고 조성만 요셉 형제와 우리나라의 민주화를 위해 헌신한 모든 이들에게 영원히 미치기를 기도합니다. 예수님과 세례자 요한을 낳은 후 하느님 뜻에 일생을 봉헌한 성모마리아와 엘리사벳처럼, 민주화를 위해 자식을 바치고 평생을 고통 속에 살아온 이 땅의 모든 어머니와 아버지들에게도, 오늘 스바니야 예언서의 말씀대로, 이제는 주님께서 '그들 한 가운데에 계시어, 당신 사랑으로 그들을 새롭게 해 주시고, 그들에게서 불행을 치워버려, 더 이상 모욕과 고통을 짊어지지 않게 하고, 마음껏 기뻐하고 즐거워하게' 해 주시기를 기도합니다.

교우여러분! 민주화를 위해 헌신한 분들로 인해 오늘의 우리들이 있음을 다시 한번 마음에 되새깁시다. 그리고 조성만 요셉 형제가 열망했던 우리나라의 통일과 민주주의를 위해서, 그리고 고통받는 가난한 사람들을 위해서 우리가 살아야 할 몫이 여전히 중대함을 느끼며, 우리 자신의 옷깃을 여미도록 합시다.

자비로우신 주님께서 이 미사에 참석한 우리 모두에게 용맹과 지혜를 내려주시길 기도합시다. 그래서 정의와 평화가 가득 넘치는 민주 세상을 위해 우리도 끝까지 인내하며 헌신할 수 있는 은총을 청합시다.

주님, 故 조성만 요셉과 나라의 민주화를 위해 목숨을 다한 모든 이들에게 영원한 안식을 주소서. 영원한 빛을 그들에게 내리소서. 아멘.

조성만의 마지막과
그와 함께 했던 사람들의 기록

조성만

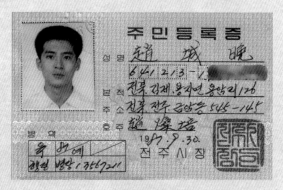

조성만의 주민등록증

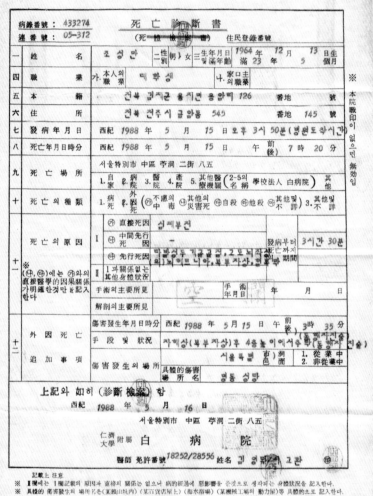

死亡診斷書

(死體檢案書)   住民登錄番號

一	姓 名	조성만	二性別 男 女	三生年月日 及滿年齡	1964年 12月 13日生 滿 23年 5個月	※
四	職 業	가 本人의 職業 대학생		나 家口主 의職業		本院職印이 없으면 無效임
五	本 籍	전북 금산군 용진면 용암리 126 番地 號				
六	住 所	전북 전주시 금암동 545 番地 145 號				

七 發病年月日 西紀 1988年 5月 15日 오후 3시 50분 (병원도착시간)

八 死亡年月日時分 西紀 1988年 5月 15日 午 前 後 7時 20分

九 死亡場所 서울特別市 中區 苧洞 二街 八五
1.自家 2.病院 3.醫院 4.盡療機關 5.其他醫療機關 名稱 學校法人 白病院 其他

十 死亡의種類
1.病死 2.外因死 ㉮不慮의中毒 ㉯其他의災害死 ㉰自殺 ㉱他殺 ㉲其他及不詳 3.其他及不詳

十一 死亡의原因
※㉯,㉰에는 ㉮와의 直接醫學的因果關係 가明確한것만을記入 한다

I	㉮直接死因	심폐부전		
	㉯中間先行死因	-	發病부터 死亡까지 期間	3시간 30분
	㉰先行死因	다발성두개골골절, 2.뇌좌상 뇌헤매트니아, 복부자상, 혈흉		
II	I과關係없는 其他身體狀況			

手術의主要所見   手術年月日   年 月 日

解剖의主要所見

十二 外因死亡 追加事項
傷害發生年月日時分 西紀 1988年 5月 15日 午 前 後 3時 35分 (동헌진술)
手段 및 狀況 자해상 (복부자상) 후 4층높이에서추락 (동상진술)
傷害發生의場所 서울特別 市道 郡面 邑 洞   1.從業中 2.非從業中
具體的傷害場所名 명동 성당

上記와 如히 (診斷檢案) 함
西紀 1988年 5月 16日
서울特別市 中區 苧洞 二街 八五
仁濟大學附屬 白 病 院
醫師 免許番號 18252/28556 姓名 김영환 그환 ㊞

記載上注意
※ I欄에는 I欄記載의 原因果 直接의 關係는 없으나 病의經過에 惡影響을 준것으로 생각되는 身體狀況을 記入한다.
※ 具体的 傷害發生의 場所名은 (某礦山坑內) (某百貨店屋上) (海水浴場) (某機械工場의 動力屋)等 具體的으로 記入한다.

I. J. C. P. H. Form No. M-55

仁濟大學附屬 白 病 院

조성만의 사망진단서

제 42 호

민주화운동관련자증서

故 조 성 만

1964. 12. 13. 생

위 사람은 대한민국의 민주헌정질서 확립에 기여하고
국민의 자유와 권리를 회복·신장시켰으므로
「민주화운동관련자 명예회복 및 보상 등에 관한 법률」의
규정에 의하여 이 증서를 드립니다.

2005년 9월 30일

민주화운동관련자명예회복및보상심의위원회

민주화운동관련자 증서

명학 제 46 호

명 예 졸 업 증 서

조 성 만 (趙 城 晩)
1964년 12월 13일생

위 사람은 1984년 3월 본교 자연과학대학 화학과에 입학하여 재학 중 민주화운동에 참여함으로써 소정의 과정을 이수하지 못하였으나 국가와 국민을 위하여 자신을 희생한 공로가 있기에 그 고귀한 뜻을 기리어 본 대학 교수회의 의결을 거쳐 명예 졸업증서를 수여하고자 이에 추천함.

2008년 2월 26일

서울대학교 자연과학대학장

이학박사   오 세

위의 추천에 의하여 본 증서를 수여함.

2008년 2월 26일

서울대학교 총장

공학박사   이 장 무

서울대학교 명예졸업장

할복 투신 당시 조성만이 마지막으로 입었던 농민복

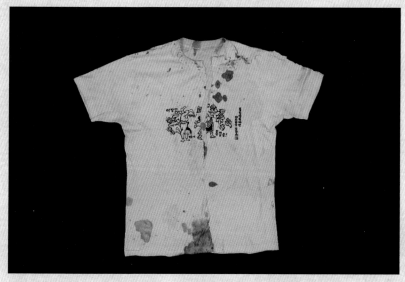

할복 투신 당시 마지막으로 농민복 속에 입었던 옷

명동성당에서 사도예절과 영결식을 위해 출발하는 운구 장면

조성만을 보내는 정의채 신부님의 명동성당 사도예절

명동성당에서 영결식 장소인 경희궁터로 운구행렬 이동하는 장면

조성만 영결식. 경희궁 터(구 서울고등학교 터)

조성만의 마지막과 그와 함께 했던 사람들의 기록 189

영결식장에서 조성만의 죽음을 춤으로 애도하는 이애주 교수

조성만과 한반도 평화

영결식장이었던 경희궁터(구 서울고등학교 터)에서 서울시청 노제로 향하는 길 1

영결식장이었던 경희궁터(구 서울고등학교 터)에서 서울시청 노제로 향하는 길 2

조성만의 마지막과 그와 함께 했던 사람들의 기록 /

서울시청 앞 노제에 운집한 시민들

서울대학교 노제

조성만과 한반도 평화

광주 구 전남도청 앞 노제에 모인 시민들

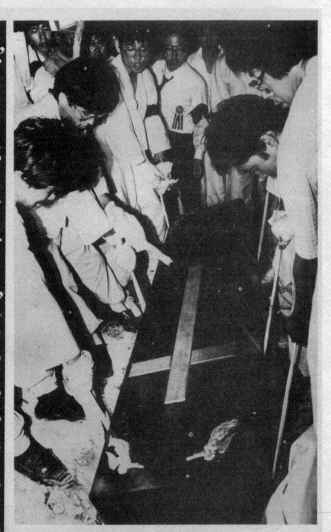

우리의 소원은 통일, 선구자, 합창속 마지막 영결

고 조성만씨 망월동묘역 잠들다

[광주=박화강 기자] 고 조성만씨 유해는 20일 새벽 1시10분께 광주시 북구 망월동 망월묘원에 동료학생과 시민 등 4천여 명이 애도하는 가운데 안장됐다.

보슬비가 내리는 가운데 이날 새벽 0시 10분께 묘역에 도착 동료 학생들에 의해 묘소까지 운구된 조씨의 유해는 간단한 하관식을 마친 뒤 바로 안장됐다.

망월동 묘역에는 운구행렬을 따라 온 '수입개방 결사반대' '군사독재 타도하자' 등의 문구가 쓰인 만장 2백여 개가 1백여

개의 횃불 속에 펄럭였고 조씨의 유해가 십자가를 앞세운 채 동료학생들에 의해 묘소까지 운반되는 동안 참석자들이 계속 '선구자' '우리의 소원은 통일' 등의 노래를 합창했다.

한편 이날 조씨의 유해와 함께 광주에 온 서울대생 등 서울지역 대학생 1천여 명과 전남대 등 2천여 명은 20일 새벽 3시 30분부터 전남대 실내 체육관에 모여 통일과 광주민중항쟁을 주제로 철야토론회를 가졌다.　　　　　〈사진 점원일기자〉

조성만(요셉) 장례식 한겨레 신문 보도(1988. 5. 21)

광주 망월동에서 조성만의 영정을 어루만지면서 눈물 흘리는 김복성 어머님

조성만(요셉) 10주기 추모미사(1998. 5. 18, 명동성당 문화관)

조성만의 마지막과 그와 함께 했던 사람들의 기록

10주기 추모미사가 열렸던 명동성당 문화관 앞 조성만(요셉) 사진전

조성만(요셉) 20주기
추모사업 후원의 밤
행사(2008. 4. 21)

조성만(요셉) 20주기 추모미사 준비 장면 2008. 5. 15. 가톨릭회관 7층 강당

조성만(요셉) 20주기 추모미사에서 인사하시는 조찬배 아버님, 김복성 어머님

조성만(요셉) 20주기 광주 망월동 구묘역 추모식(2008. 5. 17)

조성만(요셉) 20주기 광주 망월동 순례단 사진(2008. 5. 17)

조성만과 한반도 평화

전라북도 김제시 조성만 추모비 제막식(2015. 5. 18)

전라북도 김제시 조성만 추모비 전면(2015. 5. 18)

조성만의 마지막과 그와 함께 했던 사람들의 기록

전라북도 김제시 조성만 추모비 제막식 후 화환을 다듬고 있는 김복성 어머니

조성만과 한반도 평화

서울대학교 조성만 추모비 전면(상)과 후면(하)
(중앙도서관 옆, 1993. 5. 15. 건립)

부활하는 새 한반도여

통일열사 조성만 요셉 30주기

추모위원으로 함께하여 주십시오
http://www.조성만.kr

일정

5월15일(화) 통일열사 조성만30주기 추모사업위원회 발족식
늦은7시 명동 가톨릭회관2층

5월19일(토) 광주망월동 묘역순례
빠른7시 양재동 서초구민회관 앞 버스

5월31일(목) 30주기 추모미사
늦은7시 명동성당

9월 조성만 30주기 심포지움(예정)/ **10월** 추모문화제(예정)

후원계좌 농협 302 1272 6005 기 김지현
문의 이완형 010 8994 8637
이은석 010 2336 6426

통일열사 조성만 30주기 추모사업 위원회

김지현 변연식 곽병근 장함택
기 춘 이태흥 김현순 김창욱
양미연 심하주 이은석 이창호
황영환 이익호 김형태 권일찬
이승진 한미경 김정이 박경수
경동현 이원영 (무순)

통일열사 조성만 30주기 추모사업 포스터

통일열사 조성만 30주기 추모사업위원회 준비 모임(2018. 3)

통일열사 조성만 30주기 추모사업위원회 발족식(2018. 5. 15)의 조성만 영정 사진

조성만의 마지막과 그와 함께 했던 사람들의 기록 / 203

통일열사 조성만 30주기 추모사업위원회 발족식(2018. 5. 15)

통일열사 조성만 30주기 추모사업위
원회 발족식(2018. 5. 15)에서 김지
현 상임대표 인사말

조성만과 한반도 평화

조성만(요셉)의 30년 전 투신 장소(명동성당 교육관 앞)

조성만(요셉) 30주기 추모 미사에 도착한 문재인 대통령 조화

조성만(요셉) 30주기 추모미사(2018. 5. 31)에서 강론하는 유경촌(디모테오) 주교

조성만(요셉) 30주기 추모 미사 성체 성사

대한민국역사박물관
NATIONAL MUSEUM OF KOREAN CONTEMPORARY HISTORY

평화가 너희와 함께

통일열사 조성만(요셉) 30주기 한반도 평화 기원 미사 1(2018. 12. 31)

통일열사 조성만(요셉) 30주기 한반도 평화 기원 미사 2(2018. 12. 31)

조성만의 마지막과 그와 함께 했던 사람들의 기록

통일열사 조성만(요셉) 30주기 한반도 평화 기원 미사(2018. 12. 31)에서의 평화 퍼포먼스

통일열사 조성만(요셉) 30주기 한반도 평화 기원 미사에서의 조찬배 아버님 인사말